LES DÉLASSEMENS

DU BRAVE.

DE L'IMPRIMERIE DE DAVID,
RUE DU POT-DE-FER, N° 14, F. S.-G.

LA TOUR D'AUVERGNE.

LES DÉLASSEMENS
DU BRAVE,

COLLECTION D'ANECDOTES MILITAIRES

ET DE BEAUX FAITS-D'ARMES;

DÉDIÉE AUX DÉFENSEURS DE LA PATRIE.

AVEC ONZE GRAVURES.

Un brave aime les braves.
CHÉNIER, *Nathan le Sage.*

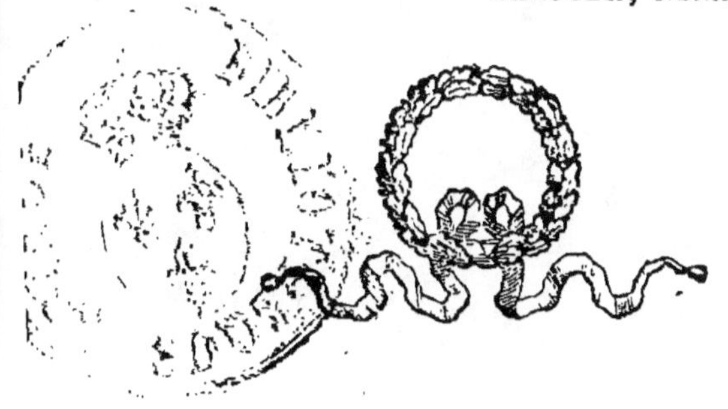

PARIS,

CHEZ RAPILLY, LIBRAIRE,
BOULEVARD MONTMARTRE, N° 23;

PAINPARRÉ, LIBRAIRE AU PALAIS-ROYAL;

COLLIN DE PLANCY, RUE MONTMARTRE, N° 121.

1822.

LES DÉLASSEMENS

DU BRAVE.

LATOUR-D'AUVERGNE,

Premier Grenadier de France.

Latour-d'Auvergne naquit à Carhaix-en-Bretagne.

L'amour de la liberté fut pour Latour-d'Auvergne le mobile des plus brillans exploits; il lui dût ce mâle courage dont il donna tant de marques, et cette foule d'actions généreuses qui l'ont fait chérir de tous ses compagnons d'armes. La guerre de l'indépendance américaine enflamma son jeune cœur et lui ouvrit la carrière des armes ; il se dévoua à la défense de cette noble

cause, et servit sous les ordres du duc de Crillon, qui commandait l'armée espagnole. Au siége de Mahon, il coula une frégate anglaise sous le feu de la mousqueterie et du canon de la place, et brûla les bâtimens munitionnaires de l'ennemi.

Peu de jours après, une nouvelle occasion se présenta de signaler à la fois son audace et son humanité; dans une sortie que firent les troupes de la garnison, il s'engagea un combat des plus meurtriers, Latour-d'Auvergne s'avança au-devant de leur colonne, et après avoir affronté mille fois la mort, parvint à repousser l'ennemi. Dans la chaleur du combat, un officier, qui combattait à ses côtés, tombe blessé d'un coup de feu; alors, trop engagé lui-même pour le secourir. il poursuivit ses succès; mais à peine rentré dans les lignes, il se rappelle l'officier qu'il a vu tomber, s'élance avec la rapidité de l'éclair, vient le chercher jusques sous les batteries anglaises, à travers une grêle de balles, le relève, le charge sur ses épaules, et le porte avec un rare bonheur dans le camp espagnol. Le roi d'Espagne, voulant reconnaître ce trait de bravoure, lui envoya son ordre avec une pension de mille livres. Latour-d'Auvergne refusa la pension et garda la croix, montrant par-là qu'il n'était sensible qu'à l'honneur, et qu'il aurait cru flétrir ses lauriers en acceptant une récompense vénale.

Latour - d'Auvergne qui, dans le Nouveau-Monde, avait adopté avec tant d'enthousiasme la cause sacrée de la liberté, et secondé si puissamment les généreux efforts de l'illustre Washington, ne pouvait rester inactif dans la lutte qui se préparait en Europe.

L'année 1792 voyait éclore cette

formidable ligue étrangère qui avait juré de renverser les institutions de la France nouvelle. C'est alors qu'il reprit les armes ; il fit la première campagne de notre révolution, à la tête des grenadiers d'Angoumois. A l'armée des Pyrénées occidentales, il commandait l'avant-garde de cette redoutable colonne, surnommée l'*infernale* ; il fit des prodiges de valeur dans toutes les rencontres qu'il eût avec l'ennemi, et jamais il ne prit part au combat sans que la victoire ne vint couronner ses efforts, et ne rendit presque inutile la coopération du corps d'armée.

Au mois de mars 1793, les troupes espagnoles bordaient, dans les Pyrénées, la ligne qui sépare la France de la Péninsule, Latour-d'Auvergne, sans consulter le nombre bien supérieur des troupes qui devaient lui disputer le passage, débouche à la tête de sa colonne par le col glacé du portillon, surprend l'ennemi, et, par la rapidité de ses mouvemens, l'impétuosité de son courage, le chasse de la vallée d'Arau, et s'empare de toutes les positions que les Espagnols croyaient inexpugnables.

Les troupes espagnoles, redoutant les efforts de ce *lion furieux* (c'est le nom que l'ennemi lui donnait), s'étaient retranchées dans un château crénelé pour défendre l'approche de la montagne dite de Louis XIV. Mais qui peut arrêter cet intrépide guerrier, enflammé de l'amour de la patrie et de la liberté! méprisant toutes les précautions de l'ennemi, il donne l'ordre à ses grenadiers de diriger le canon de leurs fusils dans les crénaux, et vient seul, sous le feu de la mousqueterie, frapper à coups de hache à la porte; il somme les assiégés de se rendre, et les menace de les brûler tous s'ils diffèrent un seul instant. Cette audacieuse entreprise le rendit maître de la forteresse.

Chargé par le général en chef de s'emparer de St.-Sébastien, situé sur un rocher au milieu de la mer, mais, n'ayant aucun des moyens ordinaires pour faire réussir cette expédition, il y suppléa par son heureuse audace; il se jette dans un esquif avec une seule pièce de huit; arrivé sous la place comme parlementaire, il s'écrie que les Français ont amené toute leur artillerie, et qu'il va réduire cette forteresse si elle ne se rend. Le commandant, ébranlé par cette assurance, lui répond : « Mais, capitaine, vous n'avez pas tiré » un seul coup de canon sur la cita- » delle; faites-moi du moins l'honneur » de la saluer, sans cela je ne puis vous » la rendre. » Latour-d'Auvergne accepte la proposition, retourne à son esquif et fait jouer la pièce de huit : la place répond par une grêle de boulets; un moment après il retourne à la citadelle, somme le commandant de tenir sa promesse comme il a tenu la sienne, et celui-ci, persuadé par le calme et l'assurance de Latour-d'Auvergne, lui en remet les clefs.

L'armée française se trouvait en proie à la plus horrible famine, quelques partis espagnols vinrent étaler aux yeux de nos soldats des vivres de toutes espèces et en abondance, et, joignant l'insulte à l'ironie, semblaient se réjouir de leur misère; une rivière les séparait, il n'y avait point de bateau pour aborder l'autre rive; Latour-d'Auvergne, dont l'exemple est si entraînant, se jette à la nage, et, s'adressant à ses grenadiers, s'écrie: *qui veut dîner me suive!* Ils s'élancent tous sur ses traces, abordent de l'autre côté du fleuve, culbutent tout ce qui leur fait résistance, s'emparent des mets et des vins d'Espagne, et les dévorent gaîment aux yeux de l'ennemi.

Les Espagnols, toujours harcelés par ces intrépides grenadiers, s'étaient retranchés dans les montagnes, et se croyaient en sûreté derrière ces formidables boulevards de la nature. Latour-d'Auvergne va seul reconnaître les positions, réunit sa troupe à la colonne du centre, gravit les montagnes sous le feu le plus meurtrier, emporte les redoutes à la baïonnette, fait huit à neuf mille prisonniers, et s'empare des belles fonderies d'Égny et d'Obey-Retié, estimées trente-deux millions. Dans cette expédition il eût à lutter contre les meilleurs tireurs espagnols et les miquelets catalans.

C'est à cette époque qu'un décret de la Convention nationale interdisait aux ci-devant nobles la faculté de servir comme officiers dans les armées de la république. Latour – d'Auvergne en apprenant cette disposition législative, remit aussitôt le commandement à

l'officier qui pouvait y avoir droit, se dépouilla des insignes de son grade, revêtit le simple habit de grenadier, et déclara qu'il se trouvait assez honoré de pouvoir encore servir son pays en partageant le sort de ses braves compagnons d'armes. C'est alors qu'un délégué d'un représentant sommait ce brave guerrier de lui rendre hommage. « Dis
» à ton maître, répliqua-t-il, que je ne
» fais la cour à personne, que je ne
» connais d'autre devoir que celui de
» combattre et de vaincre l'ennemi : dis-
» lui, s'il est tout-puissant comme tu
» l'annonces, de mettre l'Espagnol en
» fuite ; je l'entends qui s'avance, et je
» vais faire battre la charge. »

La guerre avec l'Espagne étant terminée, les Anglais s'emparèrent du vaisseau qui ramenait Latour-d'Auvergne en Bretagne ; ils voulurent exiger de tous les Français qui se trouvaient à bord, qu'ils quittassent leur cocarde

tricolore ; Latour-d'Auvergne résista
seul à force ouverte ; il enfila sa cocarde
jusqu'à la garde de son épée : « Que
» celui qui veut la prendre vienne la
» chercher, s'écria-t-il avec une voix de
» tonnerre et un regard menaçant. »
Aucun Anglais n'accepta le defi.

Nous rapporterons encore plusieurs
traits particuliers de ce guerrier illustre.

A son retour des prisons d'Angleterre, on le paya en assignats ; il était
très-pauvre, et le papier monnaie étant
en discrédit, ne pouvait lui être d'aucun secours. Le ministre de la guerre
lui fit offrir douze cents francs, il n'en
accepta que cent vingt, et dit en se re-
tirant : «Si j'ai de nouveau besoin, je
» reviendrai.

Un représentant du peuple lui van-
tait son crédit et lui offrait sa protec-
tion. — Vous êtes donc tout-puissant,
lui dit Latour-d'Auvergne, qui était

dans le plus grand dénuement? — Sans doute. — Eh bien! demandez pour moi une paire de souliers.

On lui montra un journal où on le faisait descendre du grand Turenne. Il s'empressa de publier qu'il n'était sorti que d'une branche bâtarde de la maison de Bouillon.

Il vivait à Passy, dans une profonde retraite, consacrant ses loisirs à l'étude, et paraissant avoir entièrement oublié la gloire et le métier des armes. Il apprend que M. Lebrigant, savant célèbre, son ancien ami, venait de se voir séparer de son fils unique, l'espoir de sa famille, qui se trouvait appelé sous les drapeaux par la conscription militaire. Latour-d'Auvergne, dont le noble cœur ne pouvait rester muet lorsqu'il apercevait l'occasion d'exercer sa générosité, conçoit aussitôt l'espoir de rendre le bonheur à toute une famille; il ne fait part de son projet à personne; se

rend chez le ministre de la guerre, sollicite la faveur de remplacer le jeune
soldat, l'obtient, et se dérobant à la reconnaissance de ses amis, se rend à
l'armée du Rhin, et renvoie le fils à
son père. Latour-d'Auvergne avait alors
cinquante-trois ans.

Le premier Consul lui décerna un
sabre d'honneur, et le présenta à l'armée avec le titre de premier grenadier
des armées de la république. Latour-
d'Auvergne ne voulut point se parer de
cette épée avant de l'avoir éprouvée
contre les ennemis de son pays. « Il
» n'est aucun des grenadiers qui ne l'ait
» méritée, disait-il en recevant ce prix
» de la bravoure; allons, il faudra la
» montrer de près à l'ennemi : la mort
» la plus désirable est celle d'un gre-
» nadier sur le champ de bataille ! »

Il perdit la vie au combat de Neu-
bourg, où une faible partie de l'armée
de Moreau soutint seule l'effort des Au-

trichiens. Les grenadiers de la 46ᵉ demi-brigade, à la tête desquels combattait Latour-d'Auvergne, profondément affligés de sa perte, lui rendirent les derniers devoirs au lieu même où il reçut le coup mortel ; le deuil était dans tous les cœurs, et d'abondantes larmes sillonnaient les joues de ces vieux guerriers. Au moment où ses restes mortels, recouverts de feuilles de chênes et de lauriers, furent déposés dans la tombe, un grenadier s'écria : « Il faut le placer » comme de son vivant, faisant toujours » face à l'ennemi. »

Son cœur a été confié à la garde du 46ᵉ régiment, qui méritait de posséder ce précieux dépôt. Ces braves guerriers, pour tromper leur douleur autant que pour rendre un digne hommage à la mémoire du héros qu'ils avaient perdu, placèrent ce cœur dans une boîte de métal, et l'attachèrent au drapeau du régiment : *Ainsi*, disaient-ils, *nous ne le quitterons pas, il combattra toujours au milieu de nous.* Tous les jours, à l'appel, le nom de Latour-d'Auvergne était prononcé, et le plus ancien grenadier prenant la parole, répondait *présent !* Ces traits, dignes des plus beaux temps de l'antiquité, ont à peine été recueillis par nos contemporains. Espérons qu'une plume éloquente saura s'en emparer et transmettre à la postérité la plus reculée le nom du héros qui donna tant de marques de grandeur d'âme et du plus sublime courage.

Latour-d'Auvergne ne démentait pas le sang illustre dont il tenait la vie; on remarquait entre Turenne et lui beaucoup de traits de ressemblance, tant au physique qu'au moral : il avait la même bonté, la même simplicité de mœurs que son aïeul, et, sans doute, il ne lui a manqué que le commandement d'une armée pour obtenir au-

tant de gloire. « Le nom de Latour-
» d'Auvergne, dit M. M***, dans l'éloge
» historique placé en tête des *Origines*
» *Gauloises*, rappelle Turenne; mais
» si l'on faisait le parallèle de ces deux
» héros, je ne sais si l'on ne donnerait
» pas la préférence à Latour-d'Auvergne.
» Turenne fut battu à Mariéndal, à
» Réthel, à Cambrai; Latour-d'Auver-
» gne ne le fut nulle part, et il était
» quelque chose de plus qu'un capi-
» taine, lorsqu'il commandait huit mille
» grenadiers; Turenne changea de parti,
» Latour-d'Auvergne fut fidèle à la ré-
» publique. Entraîné par la duchesse
» de Longueville, opposée à la Cour,
» Turenne voulut séduire les troupes
» qu'il commandait en Alsace; de géné-
» ral du roi de France, il devint lieute-
» nant du général espagnol Estevan de
» Gamarre; Latour-d'Auvergne, lors-
» que tous les officiers quittaient leurs
» corps, resta ferme sous son drapeau,

» brigua les avant-postes, et battit tou-
» jours les Espagnols. Turenne sauva
» la reine-mère et le ministre par le
» combat de Bleneau; Latour-d'Auver-
» gne sauva la république dans vingt
» combats; Turenne fut tué d'un coup
» de boulet de canon; Latour-d'Au-
» vergne reçut la mort d'un coup de
» pique. Montéculli, apprenant la mort
» de Turenne, demanda sa retraite; il
» n'avait plus de rival digne de ses ta-
» lens... Restez à vos rangs, grenadiers
» autrichiens, Latour-d'Auvergne existe
» toujours dans le 46ᵉ régiment : son
» bras n'est plus, MAIS SON CŒUR BAT
» DANS LE SEIN DE TOUS NOS GRENADIERS. »

ALEXIS,

Grenadier.

Pendant le blocus de Gênes, les

grenadiers poursuivaient l'ennemi dans les montagnes ; en escaladant un rocher, l'un d'entre eux, nommé Alexis, fait un faux pas, roule au fond d'un ravin, et se trouve tout-à-coup transporté, par cet accident, au milieu de soixante chasseurs croates, armés de carabines à deux coups. « Rendez-vous, crie Alexis à leur officier ; vous êtes entourés. » L'officier, effrayé de cette menace, se rendit, fit mettre bas les armes à sa troupe ; et l'on vit avec étonnement un grenadier français faire marcher devant lui et ramener au camp soixante Croates qu'à lui seul il avait faits prisonniers.

CHASOT,

Soldat au 17me régiment des chasseurs à cheval.

En allant en reconnaissance dans

les environs de Saint-Quentin , le chasseur Chasot rencontre cinq houlans conduisant chacun un prisonnier français attaché à la queue de leur cheval ; sans s'effrayer du nombre , Chasot fond sur les cavaliers , brûle la cervelle à l'un d'entre eux , met pied à terre pour ramasser un de ses pistolets qu'il a laissé tomber , remonte à cheval aux yeux des Autrichiens , intimidés de son audace , revient à la charge , les met hors de combat , et les ramène au camp avec les cinq prisonniers qu'il a délivrés.

DUFOUR,

Caporal au 1er bataillon de la 5me demi-brigade d'infanterie légère.

Au combat dit des *sans culottes*, Dufour, fait prisonnier par quatre

Espagnols, saute sur la baïonnette de
l'un d'entre eux, tue les trois autres,
et emmène à son tour dans le camp
français celui qu'il a désarmé.

~~~~~~

LEGRIS,

Soldat au 105me régiment d'infanterie légère.

En montant aux redoutes de Hague-
neau, le soldat Legris est atteint d'un
boulet qui lui casse le genou. Après
avoir souffert l'amputation avec le courage et l'impassibilité d'un stoïque, il
demande sa jambe : « O ma patrie !
»s'écrie-t-il, reçois ce sacrifice ! »

~~~~~~

GÉRIN,

Carabinier.

Au siége de Mantoue, en 1796, le

carabinier Gérin attaque seul douze Autrichiens, et les couche en joue; son fusil ayant fait long-feu, il se précipite sur les ennemis, le sabre en main, coupe le bras à l'un, en blesse plusieurs autres; le reste, épouvanté, tombe à ses genoux et se rend prisonnier.

LASSUS,

Sergent au 66me régiment d'infanterie de ligne.

Julien-Jean-Baptiste Lassus naquit à Montauban, département du Tarn et Garonne.

Ainsi que presque tous les jeunes guerriers de cette époque dont le courage devançait l'appel de la patrie, Lassus n'avait pas encore atteint sa 14e année lorsqu'il vint se ranger sous les drapeaux; il fit ses premières campa-

gnes en Espagne et en Portugal, dans
le 60ᵉ régiment d'infanterie de ligne,
où il se fit remarquer autant par la
régularité de sa conduite que par sa
vaillance; il fit avec distinction toutes
les guerres de ce temps. Au retour de
la pénible campagne de Russie, il combattit, le 18 août 1813, à Dresde, où il
donna de nouvelles marques de la plus
rare intrépidité : un coup de feu le
blessa très-grièvement au bras gauche;
malgré sa blessure il refusa constamment de quitter le champ de bataille.
Ce n'est qu'après l'action qu'il se
rendit à l'ambulance pour y subir la
plus douloureuse amputation. Mais
ainsi mutilé, il n'en continua pas moins
à se dévouer au service de son pays, et
lorsque vingt nations ennemies menaçaient, en 1814, d'envahir nos frontières,
on le vit toujours, dans les postes les
plus périlleux, donner des marques de
la plus rare vaillance. Le 7 mars, fai-

saut partie d'un détachement qui dé-
fendait un fort sur le bord de la mer, à
trois lieues de la Teste; le capitaine qui
commandait ce détachement était un
ancien militaire couvert de blessures
qu'il avait reçues en Allemagne. A l'approche de l'ennemi, toutes les troupes
cantonnées dans les environs reçurent
l'ordre d'opérer leur retraite et de
centraliser leur mouvement; ce détachement fut le seul qui ne reçut point
d'ordre : il était oublié, ou plutôt la
trahison qui, à cette désastreuse époque, fut si funeste à nos armes, se pro-
mettait de le sacrifier.

Le jeune Lassus reçut la mission de
se rendre près du commandant supérieur de la Teste, pour demander si l'on
n'avait pas donné des instructions ré-
latives à l'évacuation du fort; mais à
la froideur de l'acceuil, à l'ambiguité
des réponses, Lassus s'aperçut que ce
commandant méditait quelque per-

fidie : il revint aussitôt rendre compte
à son capitaine du résultat de sa mission.

« Nous sommes trahis, lui dit-il ;
» le commandant paraît vendu aux
» Anglais ; si vous m'en croyez, c'est
» maintenant à nous seuls de nous
» tirer d'affaire comme nous le pour-
» rons. »

L'officier, qui ne pouvait concevoir
qu'une telle monstruosité entrât jamais
dans le cœur d'un militaire, d'un Français, voulût s'assurer par lui-même
si ce qu'on lui rapportait des mauvaises
dispositions du commandant de la
Teste était réel : en vain Lassus voulait-
il le détourner de ce dessein, l'amour
qu'il portait à son détachement, sa
loyauté, et une honorable incrédulité,
lui persuadèrent qu'il devait faire cette
démarche : il part. A peine est-il arrivé
que le commandant, à la tête de quelques Anglais appostés à cet effet, se jette

sur lui, le désarme, et le force, sous les baïonnettes, de signer un ordre qui est envoyé sur-le-champ au sergent Lassus; on prescrivait à ce sous-officier de conduire à la Teste le détachement du 66e. En même temps il apprit que son officier était prisonnier. «Puisque » mon capitaine est au pouvoir de l'en-»nemi, répondit Lassus à ceux qui lui » remirent cette dépêche, l'exécution »de l'ordre que vous m'apportez serait » une lâcheté; au lieu de me tendre un » piège, il fallait m'envoyer une som-» mation, alors j'aurais vu ce qui me » restait à faire; puisque l'on a recours » à la ruse, on m'apprend que l'on » craint que je n'aie recours à la force, » on m'apprend que je puis me dé-» fendre : eh bien! je ferai mon devoir, »je me défendrai : je n'ai avec moi que » trente-sept hommes, mais trente-» sept hommes déterminés à périr plu-» tôt que de se rendre.»

Les Anglais crurent qu'il suffisait de se présenter pour faire mettre bas les armes à cette poignée de soldats; ils s'avancèrent au nombre de plus de trois cents, firent d'abord des menaces, et voyant qu'ils n'avaient pu réussir à intimider ces braves, commencèrent leur attaque et la poursuivirent avec la plus grande vigueur, ce qui loin d'ébranler la résolution prise par Lassus et par ses dignes compagnons, rendit leur résistance plus audacieuse; après avoir répondu par la fusillade à la mousqueterie de l'ennemi, ils l'attendirent à bout portant, mirent le feu aux fougasses qu'ils avaient préparées et battirent en retraite; les Anglais les voyant s'éloigner se croyaient maîtres du terrein, ils se flattaient d'être vainqueurs, ils couraient à leur perte; à peine sont-ils entrés, que le fort saute, et la plupart d'entre eux périssent par cette explosion. Lassus se jette dans les landes;

à chaque pas il faut affronter mille dangers ; mais toujours son audace le fait sortir heureusement des situations les plus critiques : ici, il traverse des masses ennemies ; là, il va jusqu'au milieu des escadrons anglais faire distribuer des vivres à sa troupe; arrivé à trois lieues de Bordeaux, il apprend que quinze cents Anglo-Portugais lui ferment le passage; s'il rétrograde, il ne peut manquer d'être fait prisonnier; s'il s'arrête, la moindre hésitation peut lui devenir funeste; il prend sur le champ la résolution de poursuivre son chemin, et se fait précéder par un guide, qui va porter au maire de la commune qu'occupe l'ennemi, l'ordre de préparer le logement pour une colonne de quatre mille Français. Cette ruse lui réussit. Les Anglo-Portugais, effrayés, se retirèrent précipitamment en livrant le passage au détachement, qui poursuivit sa route par la rive droite de la Garonne, jusqu'à la Réole. Lassus était entré à minuit dans cette ville , deux heures après on lui annonce qu'il va être attaqué : il fait aussitôt battre la générale , et en moins de dix minutes ses trente-sept hommes sont sur la place d'armes , ils brûlent du désir de marcher à l'ennemi; Lassus profite de leur enthousiasme, il court au devant des Anglais, les rencontre à St.-Macaire, les aborde avec impétuosité, en tue un grand nombre , et force les autres à la fuite, après leur avoir fait cinquante-deux prisonniers.

Pendant les réactions de 1815 et 1816, Lassus mutilé, après avoir donné tant de marques de courage, ne put obtenir l'étoile de la légion d'honneur, qui cependant était sollicitée pour lui par les chefs les plus distingués de l'armée : il fut privé d'un modique emploi qu'il occupait à Paris, dans les bureaux de la gendarmerie.

CHÉRET,

Canonnier.

En pointant son canon, Chéret a la mâchoire emportée par un coup de feu. Avant d'être guéri de cette blessure, il sollicite la faveur de retourner au combat : « Qu'ai-je besoin de mâ- » choire pour me battre? s'écrie-t-il ; » j'ai deux bras, bon pied, bon œil, » n'est-ce pas assez pour pointer une » pièce, et abattre à mon tour plus » d'une mâchoire ennemie? »

COURTOIS,

Magistrat de Longwi.

Courtois, l'un des magistrats de Longwi admis au conseil de défense de cette place, fut le seul qui refusa d'en signer la reddition. Peu de jours après, il tomba dans un parti prussien. Le commandant ennemi, encore irrité du souvenir de sa noble fermeté, le condamna à être pendu ; mais au moment où cette horrible sentence allait être mise à exécution, Courtois saute cinquante marches d'un escalier, tombe dans une écurie, et gagne un grenier, d'où il s'élance dans la rue par un œil-de-bœuf. Armé seulement d'une fourche, ce brave renverse tout ce qui s'oppose à son passage, fait plusieurs prisonniers, et les ramène aux avant-postes de l'armée française.

MARTIN,

Matelot à bord du vaisseau *le Bucentaure.*

Lors de l'attaque du fort Diamant,

(Martinique) dans le mois de juin 1805, le canot du lieutenant de vaisseau Macket, était seul amarré à une roche avec un léger bout de corde, à quinze pieds du bord ; dans l'ardeur du débarquement, on avait oublié d'éteindre la mèche des pierriers ; elle avait mis le feu au canot qui se consumait peu-à-peu ; sa perte était d'autant plus inévitable, qu'il était chargé de poudre et de gargousses. A chaque instant on s'attendait à le voir sauter, et la troupe qui l'entourait était dans l'impossibilité de se soustraire aux éclats que sa proximité devait nécessairement rendre mortels ; le matelot Simon Martin , voyant le danger, se déshabille, se précipite à la mer, et se dirige vers le canot ; les balles et la mitraille pleuvent sur cet intrépide marin , quelques instans s'écoulent, on ne le voit faire aucun mouvement, on le croit mort ; déjà l'incendie fait des progrès ; Simon

Martin reparaît alors, s'efforce de l'é-
teindre, et reçoit une nouvelle décharge de mousqueterie, dont le canot
est criblé. Il garde encore quelque
temps l'immobilité : une nouvelle tenta-
tive de sa part donne bientôt lieu à une
troisième fusillade de l'ennemi. En vain
crie-t-on à plusieurs reprises à ce brave
marin de s'exposer plutôt aux balles,
en revenant à terre, que de périr par
l'explosion. Il ne persévère pas moins
dans son dévouement, et, au moment
même où l'on désespère du succès, les
vagues font détacher le canot. Profitant
de cette circonstance, Simon Martin le
tire au large d'une main, et nage de
l'autre, en s'éloignant ainsi à travers les
coups de fusils et la mitraille. Il n'est
pas plutôt hors de portée qu'il s'élance
dans l'embarcation, réussit à éteindre
la flamme, oriente sa voile, et se sauve
avec une seule blessure au bras, après
être resté cinq heures suspendu à un

aviron, exposé à un soleil brûlant et au feu meurtrier de la garnison du fort. Cette belle action eût pour témoins les troupes, l'escadre, et une foule d'habitans qui couvrait le rivage opposé.

Ce trait de dévouement n'est pas le seul qui ait honoré notre marine dans l'expédition contre le fort Diamant. Tandis que les troupes de débarquement étaient en proie à toutes les horreurs de la faim, le lieutenant de vaisseau Macket, qui pouvait partir dans son canot, pour se soustraire avec son équipage à un malheur, dont rien alors ne faisait entrevoir le terme, refusa constamment de s'embarquer : « Commandant, répon- »dit-il au brave chef d'escadre Boyer »qui le pressait de s'éloigner, je ne »consentirai jamais à vous abandonner »dans la triste position où vous êtes; »je désire la partager, moi et mes gens. » Le lieutenant Macket resta jusqu'à la prise du fort, et il rendit avant et après l'assaut, les services les plus signalés. Ses matelots, ceux du Mont-Blanc et du Scipion, rivalisèrent de patience et de courage avec nos troupes de terre, pendant les cinquante-six heures que dura l'attaque.

RENAUD,

Canonnier de marine.

Dans un combat que la frégate *la Résistance* et une corvette soutinrent contre cinq vaisseaux anglais, Renaud a la jambe emportée par un boulet. « Vive la République! « s'écrie-t-il; en même temps il s'attache d'une main au soliveau, tandis que de l'autre il met encore trois fois le feu à son canon. Un dernier coup de feu termina la vie de ce brave.

MAREY,

Soldat.

Un officier de l'armée du général Marceau, est mortellement blessé; le soldat Marey vole à son secours, le dégage du milieu des Prussiens, et arrête le sang qui coule de sa blessure. Mais bientôt les ennemis reviennent à la charge; accablé par le nombre, Marey fait d'inutiles efforts pour préserver encore son officier qui, craignant de tomber vivant en leur pouvoir, arrache l'appareil, laisse couler son sang, et expire dans les bras de celui qui se sacrifiait ainsi pour devenir son libérateur. « Eh toi, que fais-tu là? dit un officier prussien à l'intrépide Marey. — J'apprends à mourir! — Rends tes armes. — Marey enfonce sa baïonnette

dans sa poitrine, et dit : « Tu peux les
» prendre maintenant, je ne te les rends
» pas. »

CHAUFOUR,

Canonnier au 1er régiment d'artillerie à pied.

Au siége de Fontarabie, pendant
une canonnade des plus vives, un obus
lancé par les Espagnols, vient tomber
dans le camp français, entre un caisson
et une pièce de huit. Chaufour et un
de ses camarades se précipitent sur la
fusée qui brûle encore, et tandis que
l'un coupe le feu avec son sabre, l'autre couvre de terre l'obus qui est prêt
d'éclater; cette présence d'esprit préserve de l'incendie le parc d'artillerie
de l'armée, et sauve la vie aux braves
qui le gardaient.

THÉNARD,

Caporal.

Thénard et six soldats sont attaqués par cinquante Autrichiens ; déjà ses camarades sont tombés à ses côtés, et il reste seul. « Rends-toi ou tu es mort lui crie un hulan. — *Vivre libre ou mourir !* » répond Thénard en lui brûlant la cervelle ; au même instant, il tombe percé de mille coups de baïonnettes.

TENDIC,

Sergent-major dans le 4ᵐᵉ bataillon de l'Yonne.

Au combat de Loano, Tendic aperçoit un poste autrichien auquel on avait confié la garde du drapeau : « Il

D'ARNAUDAT. Sous-lieutenant.

est à nous! » s'écrie Tendic, et aussitôt il se précipite au milieu des ennemis, en tue plusieurs, fait les autres prisonniers, et portant d'une main le drapeau qu'il a enlevé, entraînant avec l'autre le capitaine qui commandait le poste, il vint modestement reprendre son rang parmi ses camarades.

D'ARNAUDAT,

Sous-lieutenant aux chasseurs-flanqueurs de l'ex-Garde.

Ce jeune guerrier fils du général de ce nom, commandait à la bataille de Laon, le 9 mars 1814, un détachement de vingt flanqueurs. Le maréchal Ney lui ordonna de se jeter dans un bois qui le séparait de la division du général Charpentier. *En avant!* s'écrie d'Arnaudat à sa petite troupe,

et il pénètre le premier dans le bois; il
est aussitôt enveloppé par un poste de
cavalerie russe qui s'y trouvait em-
busqué; plusieurs de ses compagnons
sont renversés, lui-même se voit assailli par une multitude de cosaques,
et entièrement séparé de son détachement; plus le danger s'accroît, plus
son courage s'enflâme; il s'adosse à
un arbre où son caporal, quoique atteint d'un coup de feu qui l'avait mis
hors de combat, vint, en se traînant à
terre, lui consacrer son reste de vie, le
défendre ou mourir avec lui. « Rendez-
»vous, il ne vous sera fait aucun mal,
» lui crie en français l'officier qui com-
»mandait l'embuscade.—Ne vois-tu
» pas que j'ai le sabre à la main, lui ré-
» pond d'Arnaudat, me prends-tu pour
» un russe ? Va, tu n'auras pas bon
» marché de ma vie!» Ce brave officier
sabre tout ce qui ose l'approcher, et
une grêle de balles ne peut un seul ins-

tant ébranler son courage. Le maréchal Ney, entendant le bruit des décharges redoublées contre d'Arnaudat, s'adresse aux chasseurs de la Garde impériale : «Camarades, sauvez ces braves. » Il était loin de penser que les Russes n'eussent affaire qu'à un seul homme. Les chasseurs arrivent en toute hâte, et sont fort étonnés de ne trouver au pied de l'arbre que le caporal baigné dans son sang, et l'officier qui, le pied fracassé d'un coup de feu et la cuisse percée de deux coups de lance, bravait encore les insultes de cette horde de sauvages, en couvrant de son corps son courageux compagnon à qui il servait de bouclier.

PASCAL,

Grenadier.

Au moment où un boulet lui emporte

un bras, il rentre dans les rangs; ses camarades lui en témoignent leur étonnement. « Notre capitaine, répond Pas- » cal, ne vient-il pas de dire : à vos rangs, » grenadiers; Eh! bien, j'y suis; il me » reste encore un bras pour exterminer » les ennemis de la patrie. »

MOREL,

Caporal dans le 1er bataillon de Saône et Loire.

En 1793, Morel étant en garnison dans le fort d'Oost-Capelle, près de Lille, est envoyé à la découverte. Bientôt il tombe dans un poste d'Autrichiens qui le menacent de le tuer, s'il pousse un seul cri. « Capitaine! feu sur l'ennemi ! » s'écrie Morel; et, nouveau d'Assas, il tombe percé de coups. Les traits de ce genre étaient rares autrefois, aujourd'hui l'on en cite mille.

VINCENT,

Chasseur.

Dans le combat de Bitche qui eut lieu en 1794, entre l'armée des Ardennes et les Autrichiens, Vincent eut le bras emporté par un boulet; il le ramasse aussitôt, et se tournant vers une batterie, il dit aux canonniers : «Mettez ce bras à l'embouchure de la » pièce, et envoyez-le aux Autrichiens » pour qu'il les frappe encore une fois. »

LOUISET,

Canonnier bourgeois.

Pendant le bombardement de Lille par les Autrichiens, en 1793, on vint annoncer à Louiset, canonnier bourgeois de cette ville, qui servait sa pièce sur les remparts, qu'un boulet rouge avait mis le feu à sa maison, et que s'il ne s'empressait d'y porter secours, elle allait devenir la proie des flammes : « Je suis ici à mon poste, répondit-il » en continuant de charger; rendons- » leur feu pour feu. »

AUZOUI,

Capitaine aux grenadiers à cheval de l'ex-Garde.

Auzoui venait d'être blessé mortellement à la bataille d'Eylau; à la fin de l'action, ses camarades veulent l'enlever du champ de bataille. « Laissez- » moi, mes amis, leur dit-il, je suis » content, puisque nous avons la victoire, et que je puis mourir sur le lit » d'honneur, environné de canons pris » à l'ennemi, et des débris de sa défaite !

» Dites à Napoléon que je n'ai qu'un re-
» gret, c'est que dans quelques instans
» je ne pourrai plus rien pour la gloire
» de notre belle France..... A elle mon
» dernier soupir. » Il expira en prononçant ces mots.

CHASSE,

Grenadier.

Après s'être battu avec intrépidité,
et avoir fait quatre prisonniers au dernier combat de Zurich, Chasse reçoit
une balle dans l'épaule en défendant
une redoute ; son officier approche de
lui et lui demande s'il souffre beaucoup ; « La redoute est encore à nous ? »
répond le grenadier, les yeux étince-
lans.

DUGAY,

Tambour.

Au combat de Rulshem, un tambour, à peine âgé de seize ans battait la charge; un hulan lui lance un coup de sabre et lui coupe le poignet, l'enfant le regarde froidement et bat de l'autre main, en s'écriant : « Il m'en reste encore une. » Ce tambour se nommait Dugay.

PIE,

Grenadier.

Mortellement blessé, Pie dit à son officier : « Vous voyez que je meurs à »côté de mon fusil, je n'éprouve que »le regret de ne pouvoir plus le porter. »

JOINEAUX,

Chef de bataillon au 63me régiment d'infanterie de ligne, officier de la Légion d'honneur.

Lors du siége de Valenciennes, les Autrichiens occupaient, au village d'Anzin, une redoute qui dominait toute la place et qui pouvait lui devenir funeste par sa position. Douze pièces de canon la défendaient, et comme ce poste était de la plus haute importance, l'ennemi le faisait occuper par des forces considérables. Les Français reçoivent l'ordre de l'enlever à la baïonnette, ils s'avancent avec cette impétuosité qui décida tant de fois la victoire; déjà Joineaux, plus emporté que ses frères d'armes, s'élance le premier dans la redoute, pénètre jusqu'à la batterie, renverse tout ce qui lui fait résistance et se saisit d'un drapeau. L'exemple de tant d'intrépidité ne fut point perdu, la redoute fut enlevée par des forces bien inférieures à celles qui la défendaient ; et Joineaux, quoique atteint d'un coup de feu qui lui avait traversé la cuisse, conserva le glorieux trophée acquis par sa valeur.

La convention nationale ne voulut pas qu'une aussi belle action demeurât sans récompense, elle décréta que Joineaux, alors simple soldat, serait promu au grade de sous-lieutenant, et ordonna l'insertion de son nom au procès-verbal de la séance

DATHY,

Sergent-major au 14ᵐᵉ régiment d'infanterie de ligne, membre de la Légion d'honneur.

Dathy (Louis-François), naquit à

Versailles, département de Seine-et-Oise.

A la bataille de Moëcron, le 10 floréal an 2, il se signala par son audace, en s'emparant d'un canon, dont la mitraille faisait des ravages affreux dans nos rangs. Avec quatre de ses camarades qu'électrisait son exemple, il fonça sur les artilleurs ennemis, leur fit mordre la poussière, et parvint à ramener à son bataillon la pièce qu'ils manœuvraient.

A Rivoli, le 23 nivôse an 5, il s'élança l'un des premiers dans les retranchemens du Plateau ; cet exemple ne fut point perdu, chacun voulut l'imiter, et les Autrichiens furent chassés de ce poste important.

LANNES, DUC DE MONTEBELLO,

Maréchal d'Empire, Colonel-général des Suisses, grand'croix des ordres de Saint-André de Russie et de la Légion d'honneur.

Ayant à retracer les faits glorieux qui tant de fois ont illustré nos armes, le nom de Lannes devait se placer de lui-même sous notre plume. Parmi les braves, ce digne modèle des justes et des héros a droit à tous les hommages ; tout ce qui porte un cœur vraiment français, ne peut qu'applaudir à la vie du mortel généreux qui, sur le champ de bataille, dans les camps et dans la vie privée, sut mériter non-seulement l'estime et la reconnaissance de ses compatriotes, mais encore le suffrage unanime des nombreux ennemis qu'il a toujours vain-

LANNES. Colonel du 29ᵉ en 1796.

cus ; du guerrier qui justifiait si bien le titre de *nouveau chevalier sans peur et sans reproche* que l'Europe entière lui décerna.

Jacques Lannes naquit à Lectoure, département du Gers, en 1771. Lorsqu'en 1791, les étrangers eurent souillé de leur présence le sol de la patrie, jeune encore, mais passionné pour la cause sacrée de la liberté, Lannes se fit soldat. Ce fut sur la cime des Pyrénées qu'il fit ses premières armes, et à chaque combat, ou plutôt à chaque victoire, ayant déployé une intelligence supérieure et la plus rare vaillance, il parvint bientôt aux grades les plus élevés ; il les reçut tous sur-le-champ de bataille, et quitta le premier théâtre de sa gloire militaire, avec le titre de général de brigade.

En 1796, le héros de l'Italie fit un appel aux Français ; Lannes, qui était rentré dans la vie civile, accourt se ranger sous les drapeaux comme simple volontaire ; mais ses talens et son courage lui méritèrent bientôt un poste plus digne des hautes conceptions qui décelaient en lui le grand capitaine.

Nous regrettons que le plan de cet ouvrage ne nous permette pas de retracer la vie privée du maréchal Lannes ; cette tâche eût été bien facile et bien douce à remplir : nous négligerons donc une foule d'actions honorables qui le faisait chérir de tous les gens de bien, et qui l'ont à jamais placé parmi les hommes les plus chers à l'humanité. La seule énumération de ses faits d'armes suffit pour éterniser son nom.

A *Millisimo*, où il remplissait les fonctions d'officier d'état-major, les services qu'il rendit lui valurent le grade de colonel du 29ᵉ régiment de ligne.

A *Bassano* il se jeta dans les rangs Autrichiens, et enleva lui seul deux drapeaux à l'ennemi.

Le 17 avril 1796, les Français s'étant laissé surprendre sur les hauteurs de *Dego*, Lannes, par son sang froid et sa bravoure, rallia les colonnes ébranlées, et parvint à rétablir le combat.

Au passage du *Pô*, devant Plaisance, à la tête d'un bataillon de grenadiers qui formait une partie de l'avant-garde, il attaque, avec autant d'intelligence que de bravoure, dix mille Autrichiens retranchés à Fambio, et soutenus par huit mille cavaliers : ces braves s'étant arrêtés pour chercher un passage, Lannes s'aperçut de la difficulté qui rallentissait ce premier mouvement de l'impétuosité française, si redoutable pour l'ennemi. Il arrive au galop : » *camarades*, s'écrie-t-il, *ne regardons pas les flots, ne voyons que les ennemis.* » A ces mots il s'élance dans le fleuve, gagne l'autre rive ; les grenadiers, enflammés par son exemple, suivent ses traces : le premier choc est

terrible, il culbute tout ce qui s'oppose à son passage ; les Autrichiens
épouvantés de tant d'audace, sont mis
en pleine déroute. Il s'empare de toute
leur artillerie, de leur bagage, et leur
fait deux à trois cents prisonniers.

A la célèbre bataille de *Lodi*, il se
précipitait à la tête de nos colonnes,
lorsqu'il fut blessé assez grièvement ;
malgré sa blessure il ne quitta point
le champ de bataille, et, par sa présence, autant que par la confiance
qu'inspirait ses sages avis, il contribua
puissamment au succès de cette mémorable journée.

Un grand nombre de révoltés vou-
laient défendre *Pavie*, il n'eut qu'à se
présenter pour rétablir le calme, tant
un nom vénéré peut avoir d'ascendant,
même sur les esprits les plus exaltés.
Mais après avoir battu l'ennemi à *Ba-
gnasco*, et enlevé la ville d'assaut, il
sut la préserver des excès qui suivent

presque toujours cette action décisive Son humanité et sa clémence envers plusieurs habitans qui avaient pris une part active à cette révolte , sa sévérité même envers les principaux moteurs, lui concilièrent l'estime de chacun., et lui valurent le grade de général de brigade.

A la tête de six cents grenadiers , il se porta sur le faubourg Saint-Georges pendant le siége de *Mantoue* , sous le feu le plus meurtrier des batteries de la place; il enleva à la baïonnette la tête du pont de cette ville.

Pendant le premier engagement qui eut lieu, la veille de la mémorable journée d'*Arcole* , il reçut une nouvelle blessure. Le jour de l'action, retenu dans son lit de douleurs , les cris des combattans qui parvenaient jusqu'à lui, le faisaient gémir de ne pouvoir partager leur gloire et leurs périls: Il apprend bientôt que la victoire, long-temps disputée , pourrait échapper à nos armes, et que Bonaparte se portait à la tête d'une colonne pour tenter d'ébranler le front de bataille, contre lequel avait échoué les efforts réunis de nos soldats ; c'est alors qu'il sent renaître ses forces ; il s'élance hors de son lit, demande son cheval, et malgré la résistance de tous ceux qui l'entouraient, ordonne impérativement qu'on l'attache sur sa selle : il part et vole au poste de l'honneur, parvient à la tête d'une colonne, et s'adressant aux soldats stupéfaits de sa présence, il s'écrie : *Allons, mes amis, la victoire ou la mort !* Il se dirige vers le pont redoutable où tant de héros ont trouvé un glorieux trépas. Il y parvient, mais il tombe bientôt après avoir reçu deux blessures plus graves encore que la première. Cependant tant d'efforts ne furent point inutiles, l'ennemi ébranlé de toutes parts ne peut résister à l'impétuosité française ;

il cède la victoire si long-temps incertaine; et l'issue de cette grande journée fut la conquête entière de l'Italie.

En 1798 il fut appelé à coopérer à la glorieuse campagne d'Egypte : Malte, Alexandrie, les Pyramides, Saint-Jean-d'Acre furent les nouveaux témoins de sa valeur : il fut chargé de poursuivre Ibrahim-Bey.

Après s'être distingué en Syrie, il revint en Egypte, et se couvrit de gloire dans vingt combats, notamment à la fameuse bataille d'*Aboukir*. Il investit le fort de ce nom qu'il enleva à la baïonnette, malgré la plus vigoureuse résistance ; mais blessé dangereusement à ce dernier combat, il fut contraint de revenir en France pour y rétablir sa santé.

Au mois d'avril 1800, il commandait l'avant-garde qui franchit le Mont-Saint-Bernard, et se couvrit d'une gloire nouvelle dans les champs à jamais célèbres de *Marengo ;* mais les talens supérieurs, la conduite à la fois noble, savante et courageuse qu'il déploya près de *Montebello*, lui méritèrent que le nom de cette mémorable journée décorât et ennoblît un nom si justement célèbre dans les fastes de la gloire.

En 1801 il fut nommé à l'ambassade de Portugal, et reçut à Lisbonne sa nomination de maréchal de France.

Pendant la campagne de 1805, il pénétra en Bavière et en Autriche à la tête de nos glorieuses phalanges : à *Ulm*, *Wertingems*, *Hallabrunn* et *Austerlitz*, il prouva combien il était digne de commander des Français toujours victorieux sur ses pas. *Jena*, *Eylau*, *l'Espagne entière* en 1808, et notamment la ville de *Saragosse*, ont retentit de ses nombreux succès.

En 1809, la guerre rallumée en Allemagne offrait de nouveaux dangers

et d'abondantes moissons de lauriers
à celui qui passait pour un des plus
vaillans chefs de l'armée ; mais les pal-
mes immortelles qu'il recueillit à *Esling* devaient ombrager son cercueil ;
il eut la cuisse emportée par un boulet, et mourut le 22 mai 1809, dans les
bras de Napoléon , auquel il avait donné de si touchantes marques de dévouement et d'amitié. L'empereur ordonna
que les plus grands honneurs lui fussent
rendus, et l'armée entière pleura la perte
de ce grand homme. Sa dépouille mor-
telle fut d'abord placée aux Invalides et
transportée ensuite au Panthéon. Lors
de son convoi, le nombreux concours de
ses frères d'armes, les autorités civiles,
le clergé, les vieillards, les enfans, of-
fraient le spectacle le plus touchant des
regrets que laissait à la France la perte
d'un grand capitaine , d'un citoyen ver-
tueux.

SILVESTRE,

Caporal.

Pierre Silvestre, né dans le département du Mont-Blanc, chargea avec un de ses camarades contre soixante-huit autrichiens qu'il fit capituler.

BLAYE,

Caporal.

Joseph Blaye, né dans le département de Vaucluse, s'empara seul de l'officier qui commandait une colonne autrichienne forte de six mille hommes, à laquelle il fit mettre bas les armes.

LAMBERT,

Voltigeur au 14ᵐᵉ régiment d'infanterie de ligne.

Pendant le siége de Saragosse, l'attaque du couvent de St.-Joseph donna lieu à des traits de la plus rare intrépidité.

A la faveur des crénaux derrière lesquels il était impossible de les atteindres, les Espagnols faisaient sur nos troupes un feu des plus meurtriers : le voltigeur Lambert, le plus petit des soldats, mais l'un des plus braves du 14ᵐᵉ régiment de ligne, avait vu tomber à ses côtés plusieurs de ses camarades ; résolu à se dévouer pour eux, il s'avança sous une grêle de balles. Un fossé entourait le couvent, Lambert parvenu sur le bord, s'y glisse furtivement, arrive au pied de la muraille, se porte avec rapidité d'un créneau à l'autre, saisit les canons des fusils à mesure qu'ils paraissent, et changeant la direction du coup, il préserve ainsi ses frères d'armes.

~~~~~~

DESFOURNEAUX,

Lieutenant-général, grand'croix de l'ordre royal de la Légion d'honneur, chevalier de Saint-Louis.

Le général Desfourneaux naquit à Vezelai, département de l'Yonne.

Le Port-au-Prince était délivré : persuadé alors qu'il ne lui restait plus rien à faire pour la sûreté de la colonie, Desfourneaux tourna ses regards vers la France. Les vents étaient favorables et l'abri d'un pavillon neutre lui était offert : il partit. Mais en sortant du port, le navire sur lequel il s'était embarqué, fut rencontré par une frégate anglaise
~~~~~~

qui le conduisit à Léogane, pour que l'on y vérifiât les pièces du bord.

Les passagers étaient au nombre de cent trente-sept; introduits devant le conseil colonial, ils n'eurent pas la force de rejeter les propositions qui leur furent faites. Les deux aides-de-camp de Desfourneaux refusèrent seuls de passer dans les rangs ennemis. Cette défection, peut-être unique dans nos annales militaires, affligea vivement le cœur du général, mais elle fit penser que lui-même ne serait pas incorruptible; on alla jusqu'à lui offrir deux cent mille piastres et le commandement en chef des troupes blanches de Saint-Domingue. « Tous les biens de » la terre, répondit-il, en repoussant » avec indignation cette offre, n'étouf- » fent point le remord d'un parjure; » je suis né Français, et rien au monde » ne saurait me dégager de mes obli- » gations envers ma patrie ». » Votre pa-

» trie, reprit un général anglais, elle
» n'est plus! » « Est-ce vous qui l'avez
» renversée? s'écria Desfourneaux avec
» l'accent d'une profonde douleur; eh
» bien! j'y rentrerai, et sur les tom-
» beaux de mes pères, je combattrai
» avec leurs ossemens pour la rele-
» ver!!! »

BUINOT,

Fusilier.

Julien Buinot, né dans le département de la Sarthe, gravit l'un des premiers sur le Monte-Paccio, où il désar-
ma douze Autrichiens qui le croyaient
leur prisonnier.

OZEL,

Ex-administrateur militaire, chevalier de la Légion
d'honneur.

Ozel, né à Valence, département de
la Drôme, était dans les rangs des défenseurs de la patric. Il débuta au siége
de Toulon, où l'exemple de son courage électrisa les braves qui enlevèrent
à la baïonnette la terrible redoute de
Gibraltar. Ce fut aussi au pied de ces retranchemens, que les Anglais jugeaient
inexpugnables, qu'il reçut sa première
blessure : frappé d'un coup de feu qui
lui avait traversé la cuisse droite, il
était tombé sur le champ de bataille ;
deux de ses camarades accourent pour
le secourir : « Rentrez à vos rangs, mes
» amis, leur dit-il ; avez-vous oublié
» que nous avons devant nous les plus

» cruels ennemis de la France et qu'il
» faut les vaincre? »

MAREIL,

Officier d'artillerie.

Une frégate anglaise de quarante canons, après avoir long-temps criblé de son artillerie le fort de Fornali, qui n'avait à lui opposer que quatre pièces de 36, vint sommer les troupes qui le défendaient : « Rendez-vous! braves » Français, leur cria le capitaine enne-» mi, vous serez traités avec tous les » égards que mérite votre courage. » « Eh quoi! nous rendre! répondit aus-» sitôt Mareil en s'élançant avec intré-» pidité sur l'épaulement de la batterie » qu'il commandait; apprenez que les » républicains savent mourir, mais » qu'ils ne se rendent jamais! » En

voyant leur officier affronter ainsi à découvert la mitraille des Anglais, les soldats partagent sa résolution et le fort
retentit du chant français : *Plutôt la
mort que l'esclavage.* Un instant le
combat fut interrompu; l'enthousiasme
le recommence : cependant le péril a
doublé; attirés par le bruit, les rebelles
sont descendus des montagnes. Attaqués à la fois par mer et par terre, Ma-
riel et les siens se trouvent tout-à-coup
placés entre deux feux : obligés sans
cesse de réparer les brêches faites par
le boulet, et de riposter à la mousqueterie des Corses, ils se multiplient pour
résister sur tous les points; enfin après
onze heures des efforts les plus prodi-
gieux, les rebelles battent en retraite,
et la frégate, dont le pont est couvert
de morts et de blessés, gagne le large,
renonçant à une entreprise qui lui a
coûté plus du tiers de son équipage.

3*

LELEU,

Officier de dragons.

Le 12 mars 1810, les généraux Clauzel, Sainte-Croix et Taupin ayant poussé une reconnaissance sous les murs d'Astorga, Leleu, à la tête de quelques dragons, reçoit l'ordre d'aller sur la route de Léon couper la retraite des troupes espagnoles, qui, fortes de la supériorité du nombre, chassaient devant elles un détachement de cavalerie. Pour les atteindre, il faut franchir un large fossé rempli d'eau ; Leleu s'élance, il touche au bord opposé, mais ses soldats n'ont pu le suivre, il est en face d'un peloton de l'infanterie ennemie : s'il revient sur ses pas, il peut éviter le péril ; il y court, et tombant comme une bombe sur les Espagnols, il les attaque de toutes parts ; ceux-ci, percés des coups qu'il leur a portés, expirent avant d'avoir pu se mettre en défense ; ceux-là, sont écrasés sous les pieds de son cheval, les autres cherchent leur salut dans la fuite, mais plusieurs d'entre eux se noient dans la fange des marais où leur épouvante les a précipités : Lelcu est maître du terrein. Cependant ce succès ne suffit pas à son ardeur de combattre ; il aperçoit à quelque distance une troupe de cavaliers ; il veut les vaincre. Il part au galop et les charge ; déjà trois des plus déterminés ont péri sous son fer ; qui pourrait résister à un bras si terrible ? Les cavaliers, étonnés de tant d'audace, se sauvent à toute bride. Un seul n'a point suivi ses compagnons ; il semble fier de résister seul à un officier français. Heureux d'avoir rencontré un adversaire digne de sa valeur, l'intrépide Lelcu le contemple un instant, répond à son appel, fond sur lui avec la rapidité de l'éclair, le blesse., le force à la retraite; cinq fois il le ramène aux portes d'Astorga, cinq fois il croit l'avoir vaincu; toujours animé d'une nouvelle fureur, l'Espagnol revient à la charge, et, protégé par la mousqueterie des remparts, il recommence le combat. Dans ce moment, des tirailleurs sortis de la place, se glissent le long des arbres qui bordent la route. Arrivés à la hauteur de Leleu, il font feu sur lui à bout-portant : une balle lui traverse la hanche; il voit couler son sang, mais il a le courage de méconnaître sa douleur, et redoublant, pour ainsi dire, de vigueur et d'adresse, il serre de plus près l'Espagnol, il l'occupe par la prestesse de ses mouvemens, et lui lance un coup de sabre qui le renverse et lui donne la mort.

Le Baron **CAMBRONNE** Maréchal de Camp.

CAMBRONNE,

Maréchal-de-Camp.

Cambronne naquit, en 1770, à Saint-Sébastien, près de Nantes, département de la Loire-inférieure.

La nécessité de repousser cette puissante coalition, qui, en 1792, menaçait de détruire le nouvel ordre de choses créé par la révolution, pénétrait alors tous les cœurs. Cambronne embrassa la cause de la liberté avec toute l'ardeur d'un jeune homme qui aime la gloire et son pays : il s'enrôla volontairement dans cette immortelle légion nantaise, qui se distingua si souvent dans la guerre contre les Vendéens. Il était capitaine en 1795 dans l'armée de Hoche, et participa à la victoire de *Quiberon* si funeste aux royalistes ;

il donna dans cette occasion des preuves de son humanité, en sauvant la vie à plusieurs émigrés pris les armes à la main.

Après la pacification de la Vendée, Cambronne passa dans la ligne, et fit successivement toutes les glorieuses campagnes de la révolution. Il se trouvait, en 1799, à la bataille de *Zurich* gagnée par Masséna ; il s'y distingua en chargeant à la tête de sa compagnie sur une colonne de quinze cents Russes, à qui il fit mettre bas les armes. Il commandait, en 1800, à *Auberhausen*, la compagnie de grenadiers dans laquelle Latour-d'Auvergne se couvrit d'une gloire immortelle. Ce héros ayant été tué à ses côtés, Cambronne fut proclamé par les soldats, pour succéder à ce beau titre de *premier grenadier de France*. Mais sa modestie le lui fit refuser, en disant qu'il appartenait à tous les militaires français : c'était une preuve de plus que l'illustre descendant de Turenne avait un successeur. Sa bravoure lui valut le grade de colonel du 46ᵈ de ligne.

Cambronne se distingua à *Jena* et dans la campagne de *Wagram* en 1809. A l'ouverture de celle de 1812 contre la Russie, il était devenu major du 3ᵉ régiment de voltigeurs de la garde impériale ; il déploya les plus grands talens et la plus rare valeur dans cette campagne, et pendant la désastreuse retraite de Moscou. La guerre de 1813, en Saxe, lui fournit une nouvelle occasion de faire admirer sa bravoure, notamment au siége de Hanau : blessé grièvement à l'affaire de *Craone*, et ensuite à celle du 30 mars 1814, sous les murs de Paris, il demeura l'un des derniers au poste de l'honneur.

Cambronne n'abandonna point Napoléon après sa chute, il le suivit à l'île d'Elbe, d'où il revint avec lui au mois de mars 1815.

A la bataille de Waterloo, il commandait une des divisions de la garde impériale, et soutint, avec le plus grand sang-froid, les efforts multipliés de l'ennemi : une artillerie formidable porte la mort dans nos rangs, une foule de héros sont moissonnés à ses côtés ; entourés d'ennemis nombreux, les braves Français que la mort avait épargnés, sont sommés de se rendre ; Cambronne s'écrie : *la garde meurt, elle ne se rend pas !* et ce cri immortel fut répété dans tous les rangs ; ils ne pouvaient plus vaincre, ils marchèrent à la mort ; tout ce qui restait fut massacré. Cambronne, couvert de blessures, tomba au milieu des siens ; cependant, après l'action, les Anglais le ramassèrent, et bien que ses blessures fussent jugées mortelles, il en guérit. On le conduisit en Angleterre comme prisonnier. A la paix, il revint en France, et se constitua prisonnier à l'Abbaye, en provoquant le jugement auquel l'avait soumis l'ordonnance du 24 juillet 1815. Il fut acquitté de toutes les inculpations dirigées contre lui, et cette circonstance servit encore à faire paraître dans tout leur éclat les vertus du *brave de s braves*.

Le roi l'a nommé chevalier de Saint-Louis.

CHAGNON,

Tambour de grenadiers au bataillon d'élite du 81me régiment d'infanterie de ligne.

Au combat d'Hottabrune, quelques jours avant la bataille d'Austerlitz, le tambour Chagnon, battant la charge d'une main et de l'autre sabrant tout ce qui résistait, perça deux lignes russes , et ne fut tué qu'après avoir frayé un passage au bataillon en tête duquel il marchait, et qui fit, dans cette occasion, un grand nombre de prisonniers.

Le nom de Chagnon est inscrit au temple de la gloire ; jamais guerrier ne fut plus intrépide.

GALBOIS,

Soldat.

Dans une sortie de nuit, que l'armée française fit pendant le blocus de Mayence, un soldat, nommé Galbois, se précipita le premier au milieu des rangs Autrichiens , leur enleva un drapeau, et s'empara à lui seul d'une pièce de canon qu'il déchargea sur l'ennemi.

MALLET,

Chasseur.

A l'attaque d'une redoute, Mallet est atteint d'une balle qui lui coupe un doigt de la main gauche; son colonel l'invite à se retirer : « Mettez ma baïonnette au bout de mon fusil, répond vivement Mallet, il faut que l'ennemi me paye le doigt qu'il vient de m'enlever. » Aussitôt il saute dans la redoute, égorge la sentinelle; et ses camarades, entraînés par son exemple, emportent de vive-force un poste contre lequel leur courage avait jusqu'alors échoué.

BELMONT,

Habitant de Bitche.

En 1793, six mille Prussiens, gui-

dés par un émigré français., surpren-
nent, pendant la nuit, les avant-postes
du fort de Bitche. On bat la générale,
on se fusille dans l'obscurité, mais
sans pouvoir distinguer le point vers
lequel se dirigent les masses de l'ennemi ; un citoyen généreux, nommé
Belmont, qui avait pour toute pro-
priété une maison en bois, située sur
le chemin par lequel les Prussiens
avaient dû arriver, court y mettre le
feu en s'écriant : «Elle servira de flam-
» beau pour nous éclairer.» A la lueur
de l'incendie, les Français aperçoivent
les Prussiens, les arrêtent par un feu
nourri et bien dirrigé, et les forcent à
la retraite. Le dévouement de ce brave,
qui venait ainsi de tout sacrifier à la
patrie, sauva le fort.

CHABAUDEY,

Soldat.

Chabaudey, né dans le département de la Haute-Vienne, devança tous ses camarades sur le Monte-Faccio; il fit lui seul mettre bas les armes à dix-sept Autrichiens, au nombre desquels se trouvait un officier, et les ramena tous prisonniers.

PÉRIGNON,

Grenadier.

Pérignon, né dans le départemen de la Meuse, se défendit contre trois Autrichiens, fit mordre la poussière à l'un d'eux, et dispersa les autres; le lendemain, avec six grenadiers, il fondit sur un poste de vingt hommes qu'il obligea à prendre la fuite.

CLAVET,

Adjudant-général.

A l'attaque des ouvrages de San-Giacomo, Clavet alla deux fois, au milieu du feu le plus terrible, planter le drapeau de la 68ᵐᵉ demi-brigade sur l'épaulement d'une redoute défendue avec tant de fureur par les Autrichiens, que nos troupes furent deux fois obligées de renoncer à l'assaut.

MAZAN,

Tambour au 14ᵐᵉ régiment d'infanterie de ligne, membre de la Légion d'honneur.

Nicolas Mazan, dit Masson, naquit à Aubigny, département du Cher.

Le 8 brumaire an VIII, nos troupes eurent ordre de s'emparer de la ville d'Acqui, dont elles étaient séparées par la Bormida. Cette rivière, naturellement rapide dans son cours, venait d'être grossie par des pluies récentes, il fallait la franchir ; l'intrépide Mazan s'y précipite le premier, et, sa caisse sur la tête, il parvient au bord opposé en battant la charge ; aussitôt, malgré une grêle de balles, il s'élance sur les Autrichiens, pénètre dans leurs rangs, y porte la terreur, et voit se disperser en un instant, cette foule d'ennemis qui abandonnent à la fois et les remparts qu'ils doivent défendre, et les ouvrages élevés pour en couvrir les approches. Mazan reçut des baguettes d'honneur en récompense de cette action. Depuis cette époque, il s'est fréquemment distingué. Le dernier combat auquel il prit part, eut lieu le 1er avril 1813, à Villena, en Espagne ;

il y eut la jambe emportée par un boulet, et fut, un an après, admis à la solde de retraite.

~~~~~~~~~~~~~~~~~~~~~~~~~~~~~~~~~~~~~

LARCHER,

Caporal au 6e bataillon des chasseurs Bretons.

Après un combat sur les hauteurs en avant de Wissembourg, Larcher (de Saint-Jean-d'Angély), informé par un habitant, qu'une patrouille de trente Autrichiens sous les ordres d'un officier, était entrée dans la ville, et qu'elle se disposait à en sortir par la porte de Landau, vient l'attendre au passage, plonge son sabre dans la poitrine du premier qui se présente, en impose aux autres par son audace, et les empêche ainsi d'échapper aux Français qui étaient à leur poursuite et dont ils devinrent les prisonniers.
~~~~~~~~~~~~~~~~~~~~~~~~~~~~~~~~~~~~~

BORDET,

Capitaine au 14ᵐᵉ régiment d'infanterie de ligne,
officier de la Légion d'honneur.

On cite de ce brave officier un grand nombre d'exploits.

Le 7 floréal an II, il pénétra l'un des premiers dans Courtray, chargea, avec sa compagnie de tirailleurs, sur une batterie autrichienne, et s'empara de deux pièces de canon. Trois jours après, à la bataille de Moëcron, il força un bataillon hessois à mettre bas les armes. Le 19 du même mois, il sauta dans une redoute et fit deux cents cinquante prisonniers. Un fusil d'honneur, décerné par le premier Consul, le 4 pluviôse an XI, fut le prix de cette action valeureuse.

SACHON,

Major de cavalerie, chef d'escadron, officier de la
Légion d'honneur.

L'armée française compte avec orgueil dans ses rangs le major Sachon, dont les belles actions et les talens réels ont brillé d'un vif éclat dans les fastes de la gloire nationale. Il fut d'abord soldat, et son seul mérite lui valut le poste distingué qu'il occupa. Le 7 septembre 1790, il était dragon au 1er régiment, et reçut successivement tous ses grades sur le champ de bataille.

Après s'être distingué dans la campagne d'Austerlitz, Sachon mit le comble à sa réputation d'intrépidité. Pendant la guerre de Prusse, à la bataille d'Iéna, il se précipita, avec un escadron, sur un régiment de cavalerie

SACHON, Major de Cavalerie.

prussienne, le culbuta et le défit complètement ; il s'empara à lui seul d'une pièce de canon, après avoir tué ou mis en fuite les canonniers qui la servaient. En 1808, l'Empereur voulant le récompenser de cette action, le nomma officier de la Légion d'honneur et l'appela dans sa garde.

En 1813, à la bataille de Hanau, Sachon remplaça le chef - d'escadron Saint-Léger, qui venait d'être mis hors de combat ; à la tête de cent hommes, il chargea l'ennemi avec tant d'impétuosité, qu'il enfonça trois carrés, culbuta tout ce qui osait lui faire résistance, et couvrit de morts le champ de bataille. Cette brillante charge, qui contribua beaucoup au succès de la journée, fut remarquée, et lui valut le grade de chef-d'escadron.

Dans le cours de la campagne de France, en 1814, il montra la plus rare intrépidité, et contribua souvent à ramener la victoire, qui semblait déserter nos drapeaux. A Montmirail, on le vit, à la tête de trois cents hommes, décider le succès d'un combat dans lequel l'ennemi, enfoncé de toutes parts, perdit tout son matériel et un nombre considérable d'hommes et de chevaux.

Trois jours après, à Champ-Aubert, il reçut de l'Empereur l'ordre de marcher à l'ennemi avec cent dragons et de faire des prisonniers : monter à cheval, partir au galop, attaquer l'ennemi avec une impétuosité sans exemple, faire mordre la poussière à tout ce qu'il rencontre et s'emparer de cinq cents prisonniers, tout cela fut l'affaire d'un instant; Napoléon, lui-même, fut surpris du résultat de ce mouvement, dans lequel la valeur avait suppléé au nombre; il lui en témoigna hautement sa satisfaction et lui remit douze croix de la Légion pour être distribuées aux braves qui l'avaient si dignement secondé.

~~~~~~

PALACCIO,

Maréchal-des-logis.

Au moment où son régiment met en déroute un corps autrichien, Palaccio reçoit une balle dans la poitrine; il s'écrie en tombant : *Je meurs, mais ils fuient.*

~~~~~~

LUÈS,

Cavalier au 1er régiment de dragons, membre de la Légion d'honneur.

Luès se signala à l'armée d'Helvétie; il fit, dans plusieurs combats, des prodiges de bravoure, et notamment à l'affaire d'Albis, près de Zurich. Le chef de la 50me demi-brigade, entouré par quatre hussards, faisait de vains efforts pour se dégager; l'intrépide Luès fonça sur eux, les sabra, les mit en fuite, et les força d'abandonner leur prisonnier. L'instant d'après, il fut lui-même attaqué par trois fantassins qui, ayant fait feu sur lui, tuèrent son cheval; il dût alors, à pied, soutenir contre eux une lutte terrible; mais il en sortit vainqueur, après leur avoir fait mordre la poussière à tous trois.

Tombé seul dans une embuscade de vingt-huit grenadiers hongrois, sans s'étonner du nombre il les somme de se rendre, les menace de les faire fusiller en cas de résistance; réussit à leur en imposer, et eut la gloire de les faire tous prisonniers. Le prix de cette action fut un fusil d'honneur, qui, plus tard, fut échangé contre l'étoile des braves.

GODEFROY,

Capitaine.

Le capitaine Godefroi passa le Mincio à la nage, et alla, sous une grêle
de balles, attacher le premier bateau
à la rive gauche du fleuve.

CERTOUX,

Chasseur à la 1re demi-brigade d'infanterie légère, chevalier de la Légion d'honneur.

A l'affaire du 24 mai 1800, Certoux
contribua d'une manière particulière
à la reprise de Brégentz, en se préci-
pitant le premier dans le lac de Constance, et en s'avançant intrépidement
à la nage, au milieu d'une grêle de

balles et de mitraille, jusqu'au pont de cette place, dont il ouvrit la porte. Un fusil d'honneur fut la récompense du courage que le chasseur Certoux déploya dans cette occasion.

BAUDIN,

Grenadier à la 3me demi-brigade d'infanterie de ligne, chevalier de la Légion d'honneur.

Le 11 avril 1800, sur les hauteurs de Savonne, Baudin tomba, avec trois de ses camarades, sur une colonne ennemie, forte de six cents hommes, qui, s'étant mise en pleine déroute, fut obligée de mettre bas les armes. Le 21 août 1801, Baudin fut récompensé de cette action par un fusil d'honneur.

GODARD,

Tambour à la 48ᵉ demi-brigade d'infanterie de ligne,
chevalier de la Légion d'honneur.

Au passage de l'Inn, le 25 décembre 1800, le tambour Godard s'étant avancé sur un pont que l'ennemi détruisait, poursuivit seul les Autrichiens, et battant la charge d'une main pendant qu'il sabrait de l'autre, il fit mordre la poussière à plusieurs d'entre eux. En récompense de cette action, le gouvernement donna des baguettes d'honneur à l'intrépide tambour.

MANSOT,

Grenadier au 102ᵉ régiment d'infanterie de ligne, chevalier de la Légion d'honneur.

A l'affaire de Lurzach, en Suisse, le 22 mai 1799, le 102ᵉ régiment ayant fait mettre bas les armes à deux escadrons de hulans autrichiens, le général en chef Masséna ordonna de poursuivre sur le Rhin un corps ennemi. Le grenadier Mansot trouva les Autrichiens qui s'embarquaient à la hâte ; sans hésiter il s'élança tout seul dans une barque où étaient déjà quinze ennemis, dont douze rejetés par lui sur le rivage qu'occupait nos troupes, furent faits prisonniers ; mais au moment où il était aux prises avec les trois autres, l'embarcation fut entraînée par le courant, et ce brave homme tomba au

pouvoir de l'ennemi. Le général Masséna voulant prouver son estime à l'intrépide Mansot, le fit échanger sur-le-
champ. Dans la suite ce soldat s'étant
distingué par d'autres actes de courage,
en fut récompensé par l'étoile de la Légion d'honneur.

BERTÈCHE,

Adjudant-général, chevalier de la Légion d'honneur.

Bertèche naquit à Sédan, département des Ardennes; à quinze ans, il entra dans les volontaires de la marine;
en 1781, il était sous-lieutenant dans le
régiment de la Martinique, et il fit,
avec ce corps, la campagne d'Améri-
que. De retour en France, en 1786, il
servit dans la compagnie écossaise du
roi à Lunéville, et ensuite dans la gendarmerie nationale, en 1791. A la mé-

morable bataille de Jemmapes en 1792, Bertèche, étant capitaine, venait de sauver la vie au général Beurnonville, lorsqu'ils furent tous deux enveloppés par un peloton de cavaliers ennemis ; ils font des prodiges de valeur, et semblent se multiplier pour se défendre mutuellement. Bertèche tue douze dragons, reçoit quarante-un coups de sabre, un coup de feu au bras, et a son cheval tué sous lui ; cependant il se fait jour, et échappant, comme par miracle, à une mort presque certaine, il parvient à rejoindre l'armée victorieuse. Beurnonville, devenu ministre de la guerre, présenta ce brave guerrier à la Convention nationale, qui lui décerna une couronne de chêne, et l'arma d'un sabre d'honneur au nom de la nation française. Bertèche fut fait successivement lieutenant - colonel de gendarmerie, colonel du 16ᵉ régiment de chasseur, et commandant général de l'école de Mars. Dénoncé en 1795, il se justifia complètement, et demanda sa retraite. A l'époque de la dernière invasion, Bertèche offrit de nouveau son bras à sa patrie.

ROCHE,

Brigadier au 8e régiment de chasseurs, chevalier de la Légion d'honneur.

Le 7 juillet 1800, le brigadier Roche, dans un combat à l'armée du Rhin, chargea avec intrépidité contre trois pièces de canon : une grêle de mitraille le força d'abord de s'éloigner ; mais il revint bientôt à la charge, sabra les canonniers ennemis et s'empara des trois bouches à feu.

BLONDEL,

Sous-lieutenant de carabiniers.

Aux combats d'Arlon, en mai 1793, et le 17 avril 1794, une foule de traits d'héroïsme, que l'on peut comparer aux plus brillantes actions dont fourmille l'histoire de la Grèce et de Rome, illustrèrent nos guerriers : les sentimens républicains semblaient encore élever leur âme.

On raconte que le sous-lieutenant Blondel, dans le premier de ces engagemens sanglans, se signala par un de ces traits d'humanité dont on ne trouve des exemples que chez les Français. Atteint d'une blessure dangereuse, il attendait du secours ; près de lui se trouvait un Autrichien plus maltraité

encore : ses cris excitaient la compas-
sion de l'officier, qui ne pouvait aller
le soulager. Un chirurgien se présente.
« Eh ! venez vîte, lui dit le brave Blon-
» del, il y a long-temps que je vous at-
» tendais. » Le chirurgien se prépare à
le panser.« Non, non, mon camarade,
» s'écrie le généreux sous-lieutenant de
» carabiniers, ce n'est pas moi qu'il faut
» secourir, c'est un brave (en montrant
» l'Autrichien) qui est bien plus blessé
» que moi, c'est un étranger; c'est
» notre ennemi, mais il est homme,
» cela doit nous suffire. » Le chirurgien
admirant tant de grandeur d'âme, ne
put s'empêcher d'obéir à de si beaux
sentimens.

NEY,

Maréchal de France , Duc d'Elchingen , Prince de
la Moskowa.

Notre tâche n'est pas d'écrire la vie
entière du maréchal Ney, ni de chercher
à développer ce caractère fier et courageux, qui lui valut tant de succès
dans la carrière des armes, et qui le fit
admirer de tous les ennemis qu'il eut
à combattre.

Si nous gémissons sur la fin déplo-
rable de ce guerrier célèbre, il ne nous
appartient pas non plus d'en discuter
les circonstances. Il se peut qu'il ait fait
des fautes; qu'il se soit laissé entraî-
ner dans l'erreur ; nous aimons mieux
croire qu'il fût malheureux; et nous
devons tirer le voile sur ses derniers
jours. N'ayant à retracer que ses

glorieux faits d'armes, nous nous con-
tenterons de les citer.

Le nom du maréchal Ney se rattache
à tous les glorieux souvenirs de nos armées. Dès l'année 1794, à Fleurus,
plusieurs actions d'éclat avaient attiré
sur lui l'attention générale, et l'illustre
Kléber, qui savait si bien apprécier les
hommes, le fixa près de lui en qualité
d'adjudant-général chef-d'escadron. En
1796, il servait dans l'armée de Sam-
bre et Meuse; les journées d'Altinkir-
chen, de Dierdof, de Montabaur et de
Bendorf lui ouvrirent cette carrière de
gloire qu'il a, depuis, parcourue avec
tant d'éclat.

Il se présente devant Wurtzbourg,
le 24 juillet, avec environ cent hommes de cavalerie. Cette place était défendue par deux mille cinq cents Autrichiens. Le gouverneur sommé de se
rendre, croit que ce faible détachement n'est que l'avant-garde d'un corps

considérable qui s'avance et demande à stipuler les articles d'une capitulation. « Des articles ! répond Ney ; un » seul mot suffit : il faut vous rendre, » vous capitulerez ensuite ». Son audace le rendit maître de la place.

Le 8 août, il passa le Rednitz sous le feu d'une batterie formidable, culbuta l'ennemi sur tous les points et vint, avec moins de quatre cents hommes, sous les murs de Torckeim, offrir un combat qui fit tomber la ville en son pouvoir. Il y trouva des approvisionnemens considérables , soixante-dix pièces d'artillerie et un matériel immense. Cette expédition, conduite avec la plus grande habileté et la plus rare vaillance, mit le sceau à sa réputation, le plaça désormais au rang des plus intrépides guerriers de cette époque et lui valut le grade de général de brigade, qu'il reçut sur le champ de bataille.

La générosité, la grandeur d'âme et toutes les vertus qui font les héros, ont toujours brillé dans le cœur des guerriers français ; et il est rare que les dissentions de parti aient fait commettre des barbaries chez nos soldats. Ney trouva dans la place de Forkeim un grand nombre de Français émigrés ; il avait reçu l'ordre affreux de les faire fusiller sans jugement. Mais, par son influence, et par le crédit que lui donnait son caractère, il parvint à les soustraire à la mort.

Cette conduite, courageuse et admirable à cette époque, étonna le représentant du peuple en mission à Forkeim, qui dit au général Kléber : « Votre » ami Ney s'est conduit en homme d'honneur. S'il sait combattre, il sait aussi, » après la victoire, épargner le sang » français. » Au reste, cette modération s'est rencontrée fréquemment dans nos guerres civiles ; et si les combattans oubliaient, dans la chaleur de l'action, leur commune patrie, en déposant les armes, les vainqueurs se sont quelquefois rappelés que les vaincus étaient leurs frères. — Mais revenons aux faits-d'armes du maréchal Ney.

A la bataille de Niewied, Ney enfonça la ligne autrichienne, et, par son intrépidité, décida le succès de la journée. A Giessen, à Stimberg, il battit l'ennemi; dans l'ardeur du combat, s'étant avancé jusque dans les rangs autrichiens, son cheval s'abattit, et il fut fait prisonnier; mais, à la demande de Kléber, son échange eut lieu immédiatement; il fut promu au grade de général de division.

En 1799, au combat de la Thur, s'étant exposé au feu le plus meurtrier pour diriger une charge, il fut grièvement blessé; les officiers et les soldats veulent l'éloigner du champ de bataille : « Ce n'est rien, leur dit-il, en refusant » les secours qu'on lui offre; laissez- » moi enfoncer cette ligne, nous parle-

»rons ensuite de cette égratignure. »
Tant de dévouement ne fut point in-
fructueux : il s'élance de nouveau sur
les baïonnettes autrichiennes, renverse
leur première ligne, met en fuite tout
le reste, et reçoit une blessure nouvelle.

C'est ici le lieu de rapporter une
anecdote qui honore son courage.

La ville de Manheim, par sa position,
était d'une importance extrême pour
appuyer les opérations de l'armée du
Rhin ; Ney conçoit le projet de s'en emparer par un coup de main : il prend
l'habit d'un soldat prussien, traverse
le fleuve, s'introduit dans les canton-
nemens ennemis, arrive sous les murs,
et avec un rare bonheur parvient à
prendre une connaissance exacte de
toutes les positions ; il pénètre même
dans la place, et lorsqu'il crut avoir
rassemblé tous les renseignemens qui
pouvaient l'aider à faire réussir son au-

dacieuse entreprise , il va rejoindre sa troupe , choisit cent cinquante des plus déterminés, traverse le Rhin pendant la nuit , arrive sous les remparts , et enlève à la baïonnette tous les ouvrages avancés. L'ennemi surpris veut diriger contre lui quelques soldats rassemblés à la hâte : il saisit ce moment pour entrer dans la ville pêle-mêle avec eux. La terreur se répand parmi les troupes de la garnison, la confusion est à son comble ; l'obscurité , l'impétuosité de l'attaque , tout contribue à répandre l'épouvante. Enfin, trois mille hommes mettent bas les armes devant une poignée de Français, et la ville de Manheim tombe au pouvoir de nos armées.

A *Lauffen* , il dégagea l'avant-garde de l'armée qui s'était laissé envelopper, et fit quinze cents prisonniers. Il livra la bataille de *Liller*, où il s'empara de toute l'artillerie de l'ennemi , et lui fit un grand nombre de prisonniers.

De nouveaux triomphes l'appelaient
à l'armée d'Helvétie. A la tête de neuf
mille hommes, il vint jusque sous la
ville de Francfort attaquer et détruire
vingt mille Mayençais à la solde de
l'Angleterre, et soutenus par deux
mille Autrichiens. Il franchit le Mein,
et pour opérer une heureuse diversion
qui pût faciliter les mouvemens du
principal corps d'armée, il traverse à
marches forcées le pays de Hesse-Darm-
stadt, passe le Necker, s'empare une
seconde fois de Manheim, d'Heidel-
berg, de Brucksal, d'Heilbron, et
poursuit sa marche victorieuse jusque
sous les murs de Stuttgard, où il
reçoit une blessure des plus graves.
La victoire de Zurich fut le glorieux
résultat de tant d'habileté et de dévouement.

Les hostilités ayant cessé, Ney fut
nommé ambassadeur en Suisse, et
après avoir rempli, avec succès, ces ho-

norables fonctions, il revint en France pour recevoir le titre de maréchal de France, que Napoléon lui conféra.

La campagne de 1805 offrait en Allemagne, à nos soldats, une nouvelle moisson de lauriers. Le maréchal Ney passa le Rhin à la tête d'un corps d'armée, livra la bataille d'Elchingen, dont il porta le nom avec le titre de Duc. Par ses marches savantes il chassa du Tyrol l'archiduc Jean, s'empara d'Inspruck, de Hall, et pénétra dans la Carinthie. A Jéna, en 1806, il se couvrit d'une gloire nouvelle, marcha sur Magdebourg, où une garnison de seize mille hommes mit bas les armes devant lui, abandonnant huit cents pièces d'artillerie. Eylau, Friedland, furent le théâtre de ses exploits, et dans tous les combats que notre armée eut à soutenir, on vit toujours le maréchal Ney fixer la victoire sous les drapeaux français.

En 1808, il alla en Espagne ; il y soutint sa brillante réputation ; ensuite il passa en Portugal, où il s'empara de Ciudad-Rodrigo et d'Almeïda, et opéra l'une des plus savantes retraites de nos annales militaires.

Dans un engagement qu'il eut avec les Anglais, pendant la retraite de Portugal, le 6ᵉ régiment d'infanterie légère fut repoussé : « Chasseurs, s'écria alors » le maréchal, vous perdez votre belle » réputation, vous vous déshonorez à » jamais, si vous ne chassez sur-le- » champ les Anglais : que les braves me » suivent. » A ces mots il pousse son cheval sur le village où l'ennemi avait pris position ; les soldats le suivent au pas de course, abordent les Anglais avec l'impétuosité naturelle aux Français et les débusquent en faisant un grand nombre de prisonniers.

La guerre de Russie offrit au maréchal Ney, une nouvelle occasion de déployer ses talens militaires ; à la suite de vingt combats glorieux, et après avoir exécuté les marches les plus savantes, il se présenta devant *Smolensk* à la tête de l'avant-garde ; il débusqua les Russes retranchés au *Champ-Sacré* ; il enleva à la baïonnette, des positions jugées inexpugnables, et, par ses habiles manœuvres autant que par son courage, contribua puissamment au succès de cette mémorable journée.

Pendant la désastreuse retraite de Moscou, qui a coûté tant de larmes à la France, malgré les difficultés qui semblaient se multiplier sous nos pas, il sut protéger les débris de notre armée, et avec moins de six mille hommes, abandonné de l'armée française, privé d'artillerie, de ses bagages, manquant de tout, il parvint à se dégager de l'armée russe qui le cernait de toutes parts ; se fit jour l'épée à la main, passa le Borystène à travers mille périls, et rejoignit l'armée française, en lui ramenant une grande partie de son monde. A Kowno et au passage de la Bérésina, il donna de nouvelles marques de son courage, il traversa seul le fleuve, et paya de sa personne.

Dans la suite il recueillit de nouveaux lauriers à Lutzen, à Bautzen, à Dresde, repassa le Rhin après l'affaire de Leipsick, et vint défendre le sol sacré de la patrie; Brienne, Montmirail, Craonne et Châlons-sur-Marne furent les témoins de sa valeur. A Montmirail, il se précipite sur l'armée de Sacken, au pas de course, enfonce, à la tête de la vieille garde, le centre dé la ligne ennemie, et la met en pleine déroute.

Tout le monde connaît la conduite du maréchal Ney, en 1815; son jugement et sa mort ne sont pas assez éloignés de nous, pour qu'il soit à-propos d'en parler ici.

~~~~~~~~~~~~~~~~~~~~~~~~~~~~~~~~~~~

ANECDOTE

DE QUELQUES SOLDATS FRANÇAIS DONT ON N'A PAS CONSERVÉ LE NOM.

Le trait que nous allons rapporter, montre encore que la générosité et les plus doux sentimens du cœur humain s'accordent fort bien avec la vraie bravoure et l'héroïsme.

Le 13 juin 1807, veille de la mémorable journée de Friedland, les généraux Launay et Ali-Aga attaquèrent et mirent en déroute un corps de Monténégrins et de Russes. Les troupes vaincues cherchaient à s'échapper par une petite plaine sur les bords de la Trébiliza. La cavalerie turque se précipita
~~~~~~~~~~~~~~~~~~~~~~~~~~~~~~~~~~~

dans cette plaine au milieu des fuyards, et en fit un horrible carnage. Les troupes françaises accoururent bientôt, changèrent la face du combat, et repoussèrent l'ennemi. Mais soixante Russes venaient d'être faits prisonniers, et allaient être esclaves. Les soldats français, chez qui l'humanité ne le cédait pas au courage, offrirent de les racheter; il fallut donner un sequin par homme; les soldats se cotisèrent, payèrent cette somme, et étonnèrent, par leur générosité, l'ennemi qu'ils venaient d'étonner par leur courage.

MOT D'UN OFFICIER.

On s'entretenait dans un salon de Paris de notre gloire nationale. Un général prussien, extrêmement gros et court, se trouvait placé à côté d'un brave officier français, qui n'avait pas

encore eu le temps de devenir replet.
«Avec toutes vos conquêtes, convenez,
» dit le prussien, qu'on *maigrit* en
» mâchant du laurier. » — C'est pour
» cela, répondit le français, que M. le
» général est si *gras*. »

MICHAUD,

Canonnier volontaire.

Michaud est mortellement blessé;
un soldat de la même compagnie,
vole à son secours : « Laisse-moi, lui
» dit Michaud, retourne à ta pièce, et
» venge ma mort. »

VENTRE, DE BEUGNY, BOUVART.

Le sergent-major Ventre, le sergent
de Beugny, et le caporal Bouvart, qui

traînèrent, en nageant jusque sur l'autre rive, au moyen d'une corde passée au cou, des bateaux chargés de leurs camarades, et qui, malgré le danger imminent auquel ils s'exposaient, répétèrent courageusement neuf ou dix fois cette manœuvre, méritent une mention glorieuse dans nos annales militaires.

REVIEN,

Charretier d'artillerie.

Dans une action des plus vives, Revien a la cuisse emportée par un boulet. Aussitôt son frère, de service à la même pièce, s'approche de lui pour l'embrasser et lui dire un dernier adieu.

« Retire toi, lui dit Revien; retourne à
» ton poste; ta présence y est plus né-
» cessaire qu'auprès d'un frère qui se

» trouve heureux de mourir pour sa
» patrie; que chacun en fasse autant.
» Vive la République! » Ce brave homme
expira peu d'instans après.

HÉNON,

Caporal-fourrier au 1er régiment d'artillerie à pied,
membre de la Légion d'honneur.

Le 12 juin 1800, le caporal Pierre
Hénon, du département des Ardennes,
apercevant de l'autre côté du Lech une
pièce de canon dont la mitraille portait la mort dans les rangs de l'armée
française, conçut le hardi projet de
s'en emparer; ayant passé la rivière sur
un arbre qui n'avait pas plus de six
pouces de diamètre, il s'avance audacieusement avec le tambour-major du
régiment, charge sur la pièce, malgré
le feu de l'ennemi, et réussit à s'en ren-

dre maître , après avoir fait mordre la poussière aux huit Autrichiens qui la manœuvraient. Cette action lui valut une grenade d'honneur, qui lui fût décernée le 5 juin 1802.

BARAILLER,

Canonnier.

Au village d'Oostrappel, un détachement de hussards autrichiens fonce sur une pièce de canon servie par huit braves; après un combat des plus opiniâtres, où sept d'entre eux sont hachés, l'officier commandant le détachement crie à Barailler : —Rends-toi et livre ton canon. — « *Un artilleur français* » *ne se rend pas!* répond fièrement Barailler.» En prononçant ces mots, il embrasse son canon d'une main, et de l'autre armée d'un pistolet, il attend et brave les hussards. Cette résolution et la fureur de ses regards, arrêtent ses ennemis ; l'officier lui répète que s'il résiste, il est mort : «*Soldats autri-* » *chiens*, répond Barailler, *ne m'avez* » *vous pas entendu ? vous pouvez me* » *massacrer ; mais me forcer à me* » *rendre, jamais !* » Il lâche en même temps son dernier coup de pistolet, tue un hussard, reçoit lui-même le coup mortel, et expire en tenant encore dans ses bras le canon qu'il a défendu avec tant d'intrépidité.

GIBERT,

Grenadier.

Au combat de Castelbar, en Irlande, où le général Humbert, avec une poignée de soldats, mit en déroute l'armée anglaise sous les ordres du général

Lake ; Gibert, blessé mortellement,
appelle un de ses camarades : «Prends
» mes cartouches, lui dit-il, et envoie-
» les aux Anglais. » Puis, serrant son
fusil entre ses bras, il ajouta : «Voilà
» comment doit mourir un grenadier
» français ! » En prononçant ces mots,
il expira.

MATHIVET,

Capitaine du 62ᵉ régiment de ligne.

Pendant le blocus de Gênes, le capitaine Mathivet, adjoint à l'ajudant-
général Thiébault, le capitaine Vaille,
et le sergent-major Drapier, ayant
devancé leurs camarades dans une
charge contre l'ennemi, tombèrent
seuls au milieu de quatre-vingts Autrichiens, commandés par quatre officiers. Ces trois braves étaient perdus;

mais la présence d'esprit du capitaine
Mathivet les sauva; elle fut telle, qu'il
parvint à persuader aux ennemis qu'ils
étaient enveloppés, et il leur fit mettre bas les armes.

DEBRUNE (Joséphine).

Habitante de St.-Milhier.

Les Russes s'étant rendus maîtres de
St.-Milhier, s'y livraient à toutes sortes
d'excès envers les habitans. Pour se
soustraire aux violences de ces bar-
bares, une jeune femme, nommée
Joséphine Debrune , s'assied dans sa
boutique, sur un baril de poudre,
et tenant un pistolet de chaque main,
elle menace ceux qui tenteraient de
l'approcher, de leur brûler la cervelle,
et de se faire ensuite sauter avec toute
sa famille. Cette courageuse résolution

en impose à l'ennemi, et Joséphine est respectée.

Cette héroïne n'est pas la seule Française qui, à l'époque de l'invasion de notre territoire, ait déployé une pareille énergie. Le dévouement des femmes de Laval sera long-temps cité comme un de ces traits capables de réveiller les souvenirs des beaux temps de Lacédémone : au moment de l'approche de l'ennemi, ces femmes s'occupaient à former des torches de paille qu'elles trempaient dans du goudron. « Pourquoi » ces préparatifs, leur dit un magistrat? » —Pour incendier nos maisons, répon- » dent-elles, plutôt que de souffrir que » l'étranger s'en empare. — Mais où » chercherez-vous un asyle?—Dans les » carrières : nous avons des armes et » de la poudre avec nous, malheur à » ceux qui ne respecteraient pas ce re- » fuge; nous périrons sans doute, mais » ils y trouveront leur tombeau. »

MARGUERIT,

Chef de bataillon.

Ce jeune militaire, aussi habile commandant que soldat intrépide, se couvrit de gloire pendant la mémorable campagne d'Italie. Au passage du *Mincio*, il commandait quatre compagnies d'avant-garde ; assailli par un corps nombreux de cavalerie et d'infanterie, il fit une résistance des plus opiniâtres, et déconcerta souvent l'ennemi dix fois plus nombreux. D'abord repoussés par un feu terrible de mousqueterie, les Autrichiens revinrent à la charge ; nos soldats se défendaient en désespérés et soutenaient le choc, de manière a enlever aux assaillans l'envie de persister ; cependant l'ennemi recevant à chaque instant de nouveaux ren-

MARGUERIT, Chef de Bataillo

forts, Marguerit jugea qu'il ne pourrait résister long-temps, et préféra se faire jour l'épée à la main, plutôt que d'essuyer, sans espoir de secours, les efforts des Autrichiens, qui paraissaient ne point vouloir abandonner leur entreprise : il s'avance au pas de charge, traverse les masses ennemies, malgré la plus vigoureuse opposition, culbute tout ce qu'il rencontre; enfin, accablé par le nombre, il forme sa troupe en bataillon carré; mais dans le moment même Marguerit tombe dans un fossé : il est aussitôt environné d'ennemis; vingt baïonnettes sont croisées sur sa poitrine; oubliant le danger qui le menace, il se tourne vers les siens, et s'écrie : *Courage, mes amis, ne vous rendez pas!* L'exemple d'un si beau dévouement ne fut point perdu; tous jurèrent d'exécuter le dernier ordre de leur chef; ils se défendirent avec tant d'opiniâtreté qu'ils parvinrent enfin à mettre les Autrichiens en fuite, à leur faire trois cents prisonniers, et à rejoindre l'armée française, après avoir dégagé le brave Marguerit, tombé au pouvoir de l'ennemi et couvert des blessures les plus honorables. Marguerit et ses braves compagnons reçurent les félicitations de toute l'armée.

POCTIER,

Canonnier à la 6me demi-brigade d'artillerie, membre de la Légion d'honneur.

Dans le combat naval qui fit tomber en notre pouvoir le vaisseau anglais *le Swistsure*, le canonnier Poctier, de Paris, eut le bras gauche emporté par un boulet; malgré cette blessure, ce brave ne voulut point abandonner son poste, et il ne consentit à aller se faire panser qu'après

que son commandant lui en eut donné
l'ordre formel ; il n'eut pas plutôt subi
l'amputation, qu'il remonta sur le
pont, et mit le feu à une pièce en s'é-
criant : « L'ennemi m'a coupé le bras
gauche, mais je lui ferai voir qu'il me
reste encore un bras droit pour le service de ma patrie. »

CHARPENTIER,

Maréchal-des-logis au 5e régiment de dragons,
membre de la Légion d'honneur.

A l'affaire du 12 décembre 1795, en
Italie, le maréchal-des-logis Charpentier, chargea avec intrépidité contre
soixante hussards ennemis, en sabra
plusieurs, força les autres à prendre
la fuite et à abandonner deux pièces de
canon qu'ils escortaient. Cet acte de
bravoure lui valut un sabre d'honneur.

ROSTANGÉ,

Sergent à la 3ᵉ compagnie du 2ᵉ bataillon de sapeurs.

THOUILLARD,

Soldat à la même compagnie.

Pendant le siége de Peschiera, le 16 janvier 1801, le sergent Rostangé, du département de Seine et Oise, et le sapeur Thouillard, du département de l'Orne, s'avancèrent, malgré le feu des Autrichiens, pour attaquer une maison avancée, reconnue comme le point le plus favorable à l'ouverture de la tranchée ; après en avoir brisé les portes à coups de hache, ils marchèrent intrépidement la baïonnette en avant, et firent mettre bas les armes à un piquet de trente hommes qui s'y était retranché.

AUBERT,

Préposé des Douanes du Port-Bail.

Le 25 septembre 1796, sept Français prisonniers en Angleterre s'échappèrent de leur prison; voguant vers la France dans une chaloupe dont ils s'étaient emparés, ils furent poursuivis par des péniches anglaises, au moment où ils allaient toucher aux côtes de France. Dans ce pressant danger, trois d'entre eux se jettent à la mer, aimant mieux s'exposer à périr que de reprendre les fers qu'ils venaient de briser. A peine les préposés des douanes du Port-Bail aperçoivent-ils ces braves luttant contre les flots, qu'ils s'empressent de voler à leur secours; l'intrépide Aubert se précipite l'un des premiers dans la mer, et va chercher, jusque sous le feu de la mousqueterie ennemie , les malheureux naufragés qu'il s'efforce de ramener à terre : « Venez, mes amis, leur criait-il , la patrie vous tend les bras, encore un effort et vous touchez au rivage tant désiré. » Le courage des soldats se ranime , et Aubert réussit à les sauver tous. Il n'est pas moins glorieux de se dévouer pour conserver des défenseurs à la patrie , que de se signaler par des exploits sur un champ de bataille.

MANGOT,

Sergent de grenadiers au 13ᵐᵉ régiment d'infanterie de ligne, membre de la Légion d'honneur.

Après avoir fait des prodiges de valeur à Belbeys et dans la petite forteresse d'Elarisch , située dans les déserts

de la Syrie, Mangot, qui, avec la compagnie de grenadiers dans laquelle il
était caporal, était monté un des premiers à l'assaut de Saint-Jean-d'Acre,
où il avait déployé une audace extraordinaire, se signala de nouveau, le
20 mai 1800, à la bataille qui fut livrée
à Matryé, dans les environs du Caire.

Pendant l'action, s'étant trouvé tout-
à-coup séparé de la colonne d'attaque
dont il faisait partie, il fut assailli par
cinq Turcs, dont quatre courant sur
lui le sabre à la main, menaçaient de
le pourfendre, tandis que le cinquième
le couchait en joue. Il les laisse avancer
sans s'effrayer du nombre; mais il ne
sont pas plutôt à dix pas de lui, que,
prenant les deux premiers l'un après
l'autre, il les abat d'un coup de fusil,
marche à la baïonnette sur les vivans,
leur fait mordre la poussière, et est
lui-même blessé à la main gauche d'un
coup de carabine que lui tire le cin-

quième. Alors, sans perdre de temps, Mangot jette son fusil à ses pieds, et, armé seulement de son sabre, il attend son adversaire; mais celui-ci, épouvanté du sort de ses camarades, prend la fuite et abandonne le champ de bataille. Cette action, dans laquelle l'intrépide Mangot ne montra pas moins de bravoure que de présence d'esprit, lui valut un fusil d'honneur.

SAVARY et GUYARD,

Capitaines au 9me régiment d'infanterie de ligne.

Le 27 juillet 1812, au combat d'Ostrowno, où les Russes laissèrent sur le champ de bataille près de six mille hommes tués ou blessés, les capitaines Guyard et Savary, à la tête de leurs

compagnies, fortes chacune de cent voltigeurs, marchèrent audacieusement
contre la cavalerie russe, qui s'ébranla
et fit un mouvement en avant pour
envelopper les deux cents hommes que
l'on croyait perdus. À la voix de ses
chefs, cette poignée de braves se réunit
et se resserra. Investis de tous côtés
pendant une heure entière, les voltigeurs firent un feu continuel, et tuèrent
près de trois cents cavaliers. Mais, au
plus fort du péril, Napoléon les avait
aperçus ; la récompense de leur héroïsme est assurée ; frappé de leur courage et de leur belle contenance, il
envoya demander à quel corps ils ap-
partenaient : «Au 9ᵉ, répondirent-ils, et
»presque tous enfans de Paris. — Eh
»bien! s'écria l'Empereur, allez leur dire
» que ce sont des braves gens, et qu'ils
» ont tous mérité la croix. »

GÉRARD,

Colonel, officier de la Légion d'honneur.

Ce jeune militaire, entraîné par l'amour de la gloire, s'était déjà fait remarquer dans plusieurs affaires, lorsqu'il fut nommé capitaine aide-de-camp du général Pouget ; à la bataille de Polotsk, il se trouvait à la tête de la colonne d'attaque ; une batterie formidable portait la mort dans nos rangs, et semblait devoir mettre un obstacle à l'impétuosité française. Gérard, apercevant un mouvement d'hésitation parmi nos troupes, se saisit du fanion rouge du 124ᵉ régiment, et affrontant tous les dangers, se porte au galop à plus de cent pas de la ligne : « *Camarades, en avant !* s'écria-t-il ; » les soldats, électrisés par tant de bravoure, répondent

GÉRARD. Capitaine Aide-de-Camp.

par le cri d'enthousiasme des jours de bataille, croisent la baïonnette, s'élancent au pas de course, abordent l'ennemi sous une grêle de mitraille, culbuttent tout ce qu'ils rencontrent, et s'emparent de la batterie sur laquelle cet officier avait déjà planté son étendard.

Après avoir pris une part glorieuse aux combats de Nogent et de Mormand, Gérard fut promu au grade de chef de bataillon ; le commandement de Soissons lui fut confié ; il trouva cette place dans un désordre complet, et dépourvue de tous moyens de résistance ; il créa pour ainsi dire les remparts et la garnison, et, d'une ville sans importance, il en fit un point central d'opérations militaires.

Lorsque le corps de Bulow, fort d'environ vingt mille hommes et soutenu par cinquante pièces de canon, en forma l'investissement, Gérard, sommé de se rendre, répondit au parle-

mentaire : « Je n'aurai de correspon-
» dance avec votre chef qu'à coups de
» canon. » Le général Bulow, irrité de
cette réponse, démasqua ses batteries,
et lança sur la ville une quantité prodi-
gieuse de bombes et de boulets rouges,
et en même temps fit des attaques de
vive force sur les portes et sur les points
les plus faibles, mais partout il trouva
les Français à leur poste ; la résistance
vigoureuse qu'il rencontra le décida à
faire une attaque réglée : il ouvrit une
tranchée, mais le commandant ordonna
une sortie qui détruisit tous les ouvrages et fit un grand nombre de prisonniers. A la rentrée des troupes, Gérard
saisit le drapeau d'un régiment victorieux : « Soldats, leur dit-il, l'armée a
» les yeux sur vous, nous couvrons la
» capitale de l'empire ; jurons sur ce
» drapeau de justifier la confiance du
» souverain, en défendant jusqu'à la
» mort, le poste d'honneur où il nous a
» placés. »

La garnison et les habitans répondirent avec enthousiasme. Chaque jour il y eut une sortie, et Bulow, après neuf jours de tranchée ouverte, fut obligé de convertir le siége en blocus.

BIZET,

Voltigeur au 154me régiment d'infanterie de ligne.

Au combat de Danicow, en avant de Magdebourg, Bizet aperçoit, dans la mélée, un officier de grenadiers qui, ayant la jambe fracassée par un coup de feu, allait tomber au pouvoir de l'ennemi. Sans considérer le danger, il vole à son secours sous une grêle de balles, arrive jusqu'à lui, et fait long-temps d'inutiles efforts pour le charger sur son dos : « Retirez-vous, mon » camarade, lui dit alors l'officier, vous » allez être tué avec moi. — Non, ré-

» pond le voltigeur, ma vie n'est pas
» plus précieuse que la vôtre, je vous
» emporterai ou je mourrai avec vous.»
Il exécuta avec un rare bonheur son
généreux dessein.

HENRY,

Officier d'artillerie à pied.

Lorsque, le 22 juillet 1799, la ville
d'Alexandrie en Piémont, si vaillam-
ment défendue par le général Gar-
danne, eut capitulé, l'archiduc Cons-
tantin, frère de l'Empereur de Russie,
fut le premier qui entra dans la place.
Après avoir complimenté le gouverneur ainsi que le chef de brigade Lau-
tour sur la valeur et les talens qu'ils
avaient déployés pendant le siége, le
prince témoigna le désir de connaître
le jeune officier d'artillerie qui avait

dirigé le feu de la batterie d'un des bastions, et qui, après que les canonniers eurent tous été tués ou mis hors de combat, continua de servir seul l'unique pièce qui n'eût pas été démontée. Cet officier se nommait Henry : quoique fort jeune, il était déjà connu dans l'armée par une extrême bravoure. Le prince se l'étant fait présenter, lui donna des éloges, et après qu'il l'eut félicité sur sa conduite héroïque, il lui offrit une bourse remplie de pièces d'or : « Prince, lui répondit, sans se déconcerter, le brave Henry, j'ai moins fait que mes camarades qui ont été tués dans la batterie; ce sont eux qui se sont couverts de gloire, et ils n'ont besoin de rien ». Le grand duc, enchanté de la modestie de cet officier, ordonna qu'on le traitât avec tous les égards que des vainqueurs doivent au courage malheureux.

LUGNOT,

Sous-lieutenant à la 56e demi-brigade d'infanterie
de ligne.

Pierre Lugnot naquit à Velxon, département de la Haute-Saône. A dix-sept ans, il marchait sous les drapeaux de la république ; soldat, il ne devint officier que par des actions d'éclat. Tant qu'il fut dans les rangs, il combattit parmi les grénadiers, et montra qu'il était digne d'appartenir à cette élite ; chaque nouvelle blessure était pour lui l'occasion de déployer le plus grand courage. Il fit avec distinction les campagnes sur le Rhin et sur la Moselle, en Italie et dans la Vendée : nous allons rapporter quelques-uns de ses exploits :

A l'assaut de la tête du pont de Huningue, il était alors sergent-major, il se jeta au milieu de la mêlée, et fit prisonnier un officier supérieur autrichien, porteur du plan d'attaque. Déjà, dans la même journée, on l'avait vu se signaler par des traits de la plus rare valeur.

Le 19 frimaire an IV, sous les murs de Landau, il eut la cuisse droite traversée d'un coup de feu; il pouvait quitter le champ de bataille, mais, cachant sa blessure, il continua de combattre, tua encore six Autrichiens, et ne consentit à aller se faire panser que lorsque ses chefs, voyant son sang couler, lui eurent ordonné de se retirer à l'ambulance.

Au combat de la frégate l'*Africaine*, il ne montra pas moins d'intrépidité et de sang-froid. Son capitaine et son lieutenant étaient tombés parmi les morts, et lui-même venait d'être atteint d'une balle qui lui avait fracassé le bras droit;

malgré cet accident et les périls dont il est environné, le brave Lugnot, oubliant sa douleur, continue à rester sur le pont, où il anime encore, du geste et de la voix, le petit nombre de soldats qui n'ont pas succombé. Sa conduite héroïque, dans cette circonstance, fut mentionnée honorablement par les généraux sous les ordres desquels il servait : dans leurs rapports adressés au gouvernement, ils firent le plus grand éloge de ses vertus guerrières.

SAINT-OURS,

Chirurgien-major au 32me régiment d'infanterie de ligne.

Le 4 septembre 1796, à la bataille de Roveredo, où Rampon, à la tête du brave 32e régiment, tourna l'ennemi, l'intrépide chirurgien – major Saint-

Ours, qui s'était déjà signalé dans plusieurs combats précédens, chargea à cheval, avec les chasseurs, contre une nombreuse infanterie autrichienne, et fit, à lui seul, plus d'une centaine de prisonniers.

CROSSE,

Brigadier au 7e régiment de hussards.

Le 13 avril 1799, pendant la campagne d'Égypte, le brigadier Crosse, qui s'était déjà fait remarquer dans son régiment par une rare intrépidité, se précipita seul au milieu d'un gros de Mamelucks, en tua plus de vingt, mit les autres en déroute et les poursuivit pendant plus de deux lieues. Après ce coup audacieux, il revenait sur ses pas, lorsqu'il aperçut dans le désert un militaire français que les Turcs al-

6*

laient égorger ; sans hésiter, il les charge avec impétuosité, les sabre, les force à fuir et réussit à délivrer le prisonnier qui était un adjudant-général. Après s'être signalé par des actions aussi glorieuses, le brave Crosse qui était invincible, voulut finir la journée par un nouvel exploit guerrier ; mais le péril qui flattait son courage ne para pas son front d'un laurier : accablé par le nombre, il périt victime de son héroïsme, et l'armée, en jetant un cyprès sur sa tombe, dit de lui : « Il fut le plus vaillant soldat. »

MAUGIN,

Fusilier à la 66ᵉ demi-brigade d'infanterie de ligne.

A l'affaire de Hasselst, dans la Belgique, Maugin et quarante de ses camarades arrêtèrent, pendant plus de deux

SAUNIER, Capitaine de Vaisseau de 1ere classe.

heures, sous une porte de la ville, dix-huit cents insurgés. Seul, l'impétueux Maugin, dont la bravoure s'était déjà signalée dans vingt combats, se précipite au milieu des assaillans ; mais après en avoir tué vingt-deux à coups de baïonnette et de crosse de fusil, il tomba atteint d'une balle, sur les monceaux de rebelles que son intrépide audace avaient immolés. « Vive la liberté ! » s'écria-t-il alors ; je meurs content, » puisque j'entraîne dans la tombe une » bande de ses ennemis !!! »

Maugin était né à Vitry, département de la Marne.

SAUNIER,

Capitaine de vaisseau de 1re classe.

Saunier naquit à Toulon, département du Var. Il entra de bonne heure dans la marine marchande, où des voyages de long cours, des études bien dirigées et les plus heureuses dispositions naturelles, le mirent à même d'acquérir ces connaissances multipliées qui font le vrai mérite.

Il était enseigne sur la frégate *la Junon*, réfugiée dans le port de Marseille, lorsque la ville de Toulon fut arrachée par nos armes victorieuses à la puissance de l'Angleterre. Voyant les débris encore fumans de cette cité malheureuse où tant d'excès furent commis, le jeune Saunier jura de venger la ville qui l'avait vu naître.

Quelques jours après la reddition de Toulon, Saunier s'étant embarqué avec huit hommes sur un frêle canot, rencontre, à deux lieues en mer, un brick espagnol ; il conçoit aussitôt le projet de s'en emparer, malgré ses compagnons qui veulent le détourner d'attaquer de nuit, sans arm es et avec si peu de monde, un bâtiment d'une force inconnue. Il n'écoute que son courage; impatient du combat, il s'approche et reconnait que ce brick, armé de six canons, est monté par un nombreux équipage; il l'aborde, s'élance seul, le sabre à la main. Le capitaine espagnol, surpris et intimidé par la fureur de ses regards et l'éclat d'une voix foudroyante, jette ses armes et implore sa clémence. Saunier amarine sa prise et rentre triomphant à Toulon. Le prix de cette belle action fut le grade de lieutenant de vaisseau et le commandement du brick la *Liberté*, armé de vingt-quatre canons.

Peu de tems après, il fut fait capitaine de vaisseau. Il commanda le *Guillaume-Tell*, pendant l'expédition d'Égypte, et prit une part glorieuse au malheureux combat d'Aboukir. Saunier fut nommé capitaine de première classe et commandant d'une division pour porter des secours en Égypte. Il montait l'*Africaine*, lorsque cette frégate partit de l'île d'Aix, le 13 février 1801, avec la *Régénérée*. A peine eurent-elles appareillé que la violence du vent les sépara ; Saunier, abandonné aux seules forces de sa frégate, fut rencontré par deux vaisseaux anglais ; l'un d'eux le poursuivit ; le temps était calme et le jour paraissait à peine, que l'anglais lâcha sa bordée : comme il tirait en plein bois, Saunier sachant quel était pour lui le danger d'un pareil combat, commande aussitôt l'abordage, mais l'ennemi l'évitant, fait une décharge de boulets et d'obus qui démonte plusieurs pièces et crible les voiles de l'*Africaine* ; nos marins tués ou blessés sont remplacés par des grenadiers, des chasseurs et des canonniers de l'armée de terre. Ces nouveaux combattans opposent la plus vigoureuse résistance.

Après quinze heures de constance
et d'efforts inouis, Saunier tente un
second abordage, mais l'ennemi qu'a-
brite un filet dont son bord est recou-
vert, envoie une volée à mitraille.
L'*Africaine* est entièrement désempa-
rée et ne manœuvre plus. Tous les canonniers ont été emportés par des boulets; les ponts et les gaillards sont jon-
chés de cadavres; les vergues et les
mâts sont brisés : six mille coups de
canon ont été tirés sur l'*Africaine*;
plusieurs de ses parties sont la proie des
flammes; cinquante officiers de terre
dangereusement blessés, le général
Desfournaux frappé d'une balle à la
poitrine, le capitaine de frégate Ma-
gendie grièvement blessé combattent
encore et ne veulent pas quitter leur
poste. Saunier, sur le gaillard d'ar-
rière, ordonne tout avec un tranquille
courage, lorsqu'un boulet l'abat sur
le pont; quelques soldats éperdus ac-

courent tandis qu'il respire encore, mais à peine le descendent-ils de l'échelle du dôme, qu'une grêle de balles et une seconde blessure font trembler pour sa vie : en traversant la batterie il reçut un dernier coup qui fut mortel.

Le brave Lafite, qui prit le commandement dans cette horrible extrémité, à la vue des débris de l'*Africaine* dont les flancs entr'ouverts menaçaient d'engloutir le petit nombre de malheureux échappés à la fureur du combat, cède aux cris de l'humanité, et rend enfin la frégate qui avait été défendue avec tant de gloire.

Pour rendre hommage à l'héroïsme dont il venait de triompher, le capitaine anglais jura de porter toute sa vie le sabre de l'intrépide Saunier, à qui il se proposait de faire en Angleterre de magnifiques funérailles.

Ainsi périt un héros qui fut pleuré de toute la marine française et de tout ce qui porte un cœur accessible aux nobles élans de la gloire et de l'honneur.

~~~~~~

DOUGADOS,

Sergent-major au 2ᵉ bataillon du Tarn, incorporé dans la 63ᵉ demi-brigade d'infanterie légère.

Dougados, né dans le département du Tarn, fut un des plus intrépides guerriers de ce 2ᵉ bataillon du Tarn, qui jouit d'une si haute réputation pendant les premières guerres de notre révolution. Partout on le voyait le premier à l'attaque et le dernier à la retraite. Sa bravoure avait brillé dans vingt combats, lorsque, le 5 février 1794, il fut mortellement blessé : les soldats de la compagnie s'empressèrent autour de lui pour le secourir. « A vos rangs, s'écrie »Dougados ; je suis votre sergent-ma-
~~~~~~

»jor, et c'est en cette qualité que je
» vous défends de les quitter ; songez-
» bien que vous vous devez à la patrie
» avant de penser à moi. » Après avoir
prononcé ces derniers mots avec une
énergie remarquable, Dougados commanda encore le feu et expira.

En 1796 , le Directoire exécutif
voulant perpétuer le souvenir de cette
action , adressa à la 63ᵉ demi-brigade
une gravure où le brave Dougados
mourant était représenté dirigeant
contre l'ennemi les bras des soldats
qui venaient à son secours : il fut
alors ordonné , par un arrêté , que
mention éternelle de cet acte de dévouement serait faite sur les registres
du corps.

wwwwwwwwwwwwwwwwwwwwwwwwwwwwwwwwww

TERMONIA,

Capitaine à la 3ᵉ demi-brigade d'infanterie légère.

Le capitaine. Termonia naquit à Douay, département du Nord : il traversa l'Escaut sous un feu continuel de mousqueterie, pour aller chercher quatre de ses camarades qui venaient de tomber au pouvoir des Autrichiens. Après les avoir délivrés, il les transporta à la nage sur la rive du fleuve occupée par les Français.

En 1797, à la bataille de la Génala, en Piémont, dans un moment où son régiment eut à soutenir le choc de toute l'armée autrichienne, le brave Termonia, alors lieutenant, fonça, à la tête de cinquante hommes, sur une batterie ennemie, et enleva une pièce de canon défendue par plus de six cents fantassins.

LINOIS (Comte de),

Contre-amiral, commandant de la Légion d'honneur,
chevalier de St.-Louis.

Charles-Alexandre-Léon Durand ,
comte de Linois, naquit à Brest, département du Finistère.

Ce fut dans cette marine marchande
d'où sortirent les Miniac, les Duquesne,
les Jean-Bart et les Duguay-Trouin ,
que Linois acquit l'expérience de son
état et développa ses talens. Capitaine
dans la marine militaire, il livra aux
Anglais de fréquens combats, dans lesquels se vit tour-à-tour vainqueur et
vaincu. En 1795, il fut fait prisonnier ;
mais ayant été envoyé en France sur sa
parole, et sous la condition expresse
d'être échangé avec sir Sidney Smith ;
comme Robespierre refusait de remplir cette condition, et engageait cepen-

dant Linois à demeurer dans sa patrie, celui-ci s'indigna d'une pareille proposition : « Un Français, écrivit-il au »tyran de la république, ne s'appar- »tient pas tant qu'il est lié par sa pa- »role ; vous voulez m'empêcher de res- »ter homme d'honneur, je le serai »malgré vous. » Linois s'embarqua aus- sitôt pour l'Angleterre, et revint à Ta- vistock se constituer prisonnier.

PONCELET,

Artificier au 8ᵉ régiment d'artillerie à pied.

Au moment où les Anglais faisaient pleuvoir sur Boulogne un déluge de bombes et de fusées incendiaires, un jeune artificier du 8ᵉ régiment d'artil- lerie à pied, donna un bel exemple de dévouement : sa compagnie était sous les armes en avant du front de bandière du camp qu'elle occupait, et à une faible distance d'un parc considérable, dans lequel il y avait un grand nombre de caissons remplis d'obus, de boulets creux et de gargousses. C'était la première nuit du bombardement, et l'on était dans l'inaction à attendre les ordres du quartier-général avant de faire des dispositions pour répondre à une attaque aussi violente qu'elle était imprévue, lorsque tout-à-coup une de ces fusées tomba au milieu du parc, entre deux caissons d'obus : elle lançait une gerbe de feu si terrible, que chacun craignait d'en approcher. L'explosion allait avoir lieu, quand l'intrépide Poncelet, qui, sans doute, connaissait mieux que personne toute l'étendue du danger, puisqu'il était artificier, courut droit au péril, arracha la fusée toute enflammée et répandant de tous côtés des flots de feu, la saisit à brasse corps, et la transporta ainsi hors du parc, qu'il préserva de l'incendie.

~~~~~~

ALBERT,

Lieutenant-général.

A cette glorieuse époque où la France menacée dans ses droits les plus sacrés, fit un appel à ses défenseurs, Albert, plein d'enthousiasme pour la noble cause qu'il fallait défendre, accourut sous les drapeaux. Il n'avait pas encore atteint sa vingtième année, qu'il fut admis, avec le grade de sous-lieutenant, dans un bataillon de volontaires : il fit ses premières armes à l'armée des Pyrénées-orientales, et se conduisit avec distinction dans tous les engagemens que son corps eut à soutenir ; mais impatient des avantages qu'il obtenait en commun avec ses ca-
~~~~~~

marades, il recherchait l'occasion de signaler son courage ; elle se présenta bientôt : un combat s'engage, il s'élance seul au-devant de l'ennemi ; le fer à la main, il se fait jour au milieu des rangs, s'empare d'un drapeau, et revient à son corps chargé du glorieux trophée acquis par sa vaillance. Le général Augereau, témoin de cette action d'éclat, l'éleva au grade de capitaine, et le nomma son aide-de-camp.

Ce jeune guerrier, dans les trois campagnes des Pyrénées, soutint sa réputation de bravoure, et déploya des talens supérieurs. Un caractère franc, ouvert, des manières nobles et généreuses, lui concilièrent l'amitié de ses frères d'armes et l'estime de ses chefs. En 1798, il présenta au Directoire un drapeau pris sur l'ennemi par l'armée des Pyrénées.

Albert fit, avec distinction, la mémorable campagne d'Italie, et, par les services réels qu'il rendit, mérita le grade d'adjudant-commandant.

Austerlitz, *Jéna*, *Eylau*, furent le théâtre de ses exploits; il était alors général de brigade. Employé au siége de Dantzick, cet officier donna de nouvelles marques de ses talens militaires et de sa rare vaillance. Au combat du 15 mai, à la tète d'une brigade du général Oudinot, il culbuta les Prussiens entre *Passenwerder* et *Stege*, leur fit douze cents prisonniers, s'empara de toute leur artillerie et de leurs bagages.

En 1809, il partagea les lauriers immortels recueillis à *Esling* et à *Wagram*.

Le général Albert fit la pénible campagne de Russie; à la *Drissa*, il battit une division de l'armée ennemie; à la *Bérésina*, le premier, à la tête de sa brigade, il traverse le pont, s'avance au pas de charge au-devant des Russes, les repousse l'épée dans les reins à

plus de deux lieues de distance , leur
fait plusieurs centaines de prisonniers,
et, par cette manœuvre hardie, favorise
le développement de l'armée française. Napoléon lui en témoigna sa satisfaction sur le champ de bataille, et
le nomma lieutenant-général.

En 1813, cet officier commandait
une division du corps sous les ordres
du maréchal Ney; il est attaqué le
19 août, entre Haineau et Butzlau, par
le général Sacken, à la tête de trois
mille Russes. Albert n'avait avec lui
que cinq mille hommes et huit cents
chevaux : il soutint, sans se laisser en-
tamer, les efforts multipliés de l'ennemi ; en vain la cavalerie russe tenta
vingt fois d'enfoncer notre ligne, le
général donnant partout l'exemple du
plus héroïque dévouement, résista sur
tous les points, fit éprouver à l'armée
de Sacken des pertes considérables, et,
après sept heures d'un combat aussi

Le Bon de MORTEMART BOISSE Fils, Cap^{ne} au 2e Inf^{ie} de Ligne.

inégal, force les Russes à se retirer. Le maréchal Ney plaçait ce combat au rang des plus glorieux faits d'armes dont l'histoire nous ait conservé le souvenir.

Un prince dont le nom s'attache à nos triomphes, et qui sut toujours honorer le courage, les talens et les vertus, Mgr. le duc d'Orléans, choisit le général Albert pour son premier aide-de-camp; il occupait encore cet emploi quand la mort est venu l'enlever à sa famille et à ses nombreux amis. La France perd en lui un de ses plus vaillans défenseurs.

MORTEMART DE BOISSE.

Capitaine au 2me régiment d'infanterie de ligne.

Au combat de Neumarck, en 1809, le capitaine Mortemart de Boisse, débouchant d'un défilé boisé, à la tête de sa compagnie, se trouve arrêté tout-à-coup par un corps de grosse cavalerie autrichienne, soutenu par plusieurs régimens hongrois. La troupe, sous les ordres de cet officier, se composait en grande partie de recrues qu'on n'avait pas encore eu le temps d'armer. Il donne l'ordre de marcher à l'ennemi ; les vieux soldats craignant de n'être pas secondés, montrent de l'hésitation. Le capitaine s'en aperçoit, et pour raffermir leur courage et donner une salutaire impulsion, se précipite sur le cavalier le plus près de lui, le terrasse, le désarme, et s'écrie : *Mes amis, armons nos camarades avec les mousquetons de l'ennemi !* Les Français électrisés par tant de bravoure, reprennent la confiance qu'ils avaient perdue, s'élancent sur les pas de leur chef, abordent l'ennemi avec tant de vigueur, que, du premier choc, ils enfoncent leur ligne : l'épouvante se met dans les rangs, et les Autrichiens prennent la fuite devant une poignée de Français, en leur abandonnant un bon nombre de prisonniers, et leur ouvrant un passage qui serait infailliblement devenu leur tombeau, sans la présence d'esprit et le courage héroïque du capitaine Mortemart.

THYRIER,

Caporal de sapeurs au 21e bataillon de volontaires nationaux.

En 1794, devant Bois-le-Duc, Thyrier faisant couper la route et élever un redan en face du fort *Isabelle*, a la cuisse emportée par un boulet parti de la place; ses sapeurs s'arrêtent : « Travaillez, camarades, leur dit-il, » ce n'est qu'une cuisse de moins; je la

» remplacerai par une de bois, et je
» servirai encore la république. »

DAVANCE,

Major dans le 10e d'infanterie légère.

Davance se distingua, surtout au passage du Pont-de-Lodi, qu'il traversa l'un des premiers. Cet intrépide officier, entraîné par une valeur à toute épreuve, marcha seul contre les batteries autrichiennes qui vomissaient la mort, sabra les canonniers sur leurs pièces, et donna ainsi l'impulsion à son régiment, qui emporta de vive force les redoutes de l'ennemi.

Le 16 décembre 1803, Davance reçut un sabre d'honneur à titre de récompense nationale.

MONDAN,

Voltigeur au 14ᵉ régiment d'infanterie légère.

Au combat de Caldiéra, le 30 octobre 1805, les voltigeurs réunis de la division Duhem, reçoivent l'ordre de s'emparer d'une redoute défendue par deux pièces de canon; ils s'avancent deux fois, et deux fois ils sont obligés de se replier. Pendant la seconde attaque, Mondan, voltigeur, reçoit deux blessures à la tête, tombe sur ses genoux, et n'en continue pas moins de charger son arme. Un capitaine de voltigeurs du 20ᵐᵉ de ligne lui prend le bras et le relève, en lui disant : « Voltigeur, vous êtes blessé. » Mondan, oubliant la vive douleur qu'il ressent, lui répond : « Capitaine, à la redoute. » A ces mots il s'élance dans les retranchemens ; l'officier le suit : ils mettent en fuite les Autrichiens qui la défendent, et s'en emparent. Le général Duhem, témoin de cet acte de valeur et de dévouement, désigna dans son ordre du jour Mondan, comme le plus brave de la journée, et demanda pour lui la décoration de la Légion d'honneur, qu'il reçut le 21 mars 1806.

BRUN,

Capitaine au 75e régiment d'infanterie de ligne.

Le capitaine Brun (Louis-Ignace) naquit à Aubénas, département de l'Ardèche. Le 7 mai 1807, au siége de Dantzick, à la tête d'une compagnie de la première légion du Nord, il se distingua dans l'attaque de la redoute de Kalkschants, défendue par plus de trois cents grenadiers prus-

siens. Quoiqu'il eût reçu un coup de
feu à la jambe droite, il refusa de se
retirer, et continua à marcher en s'ap-
puyant sur son épée, animant ses soldats avec encore plus d'ardeur qu'auparavant. Arrivé à peu de distance de
la palissade, un biscaïen l'atteignit au
pied gauche, et le renversa. Les braves
qu'il commandait l'entourèrent alors,
et voulurent l'enlever, mais il s'y op-
posa courageusement : « Vous ne pou-
» vez me secourir sans vous exposer,
» leur dit-il ; courez à l'assaut, et em-
» portez la redoute, c'est-là le seul moyen
» de me sauver. » Les soldats coururent
aussitôt à la baïonnette, sautèrent dans
les retranchemens ennemis, et parvinrent à s'en emparer.

PELLETIER DE CHAMBURE,

Lieutenant-colonel, officier de la Légion d'honneur.

Peu d'hommes furent doués d'une physionomie plus heureuse que le jeune Pelletier de Chambure ; la douceur de ses traits, l'élégance et la politesse de ses manières, son affabilité, pouvaient laisser entrevoir que son cœur deviendrait un jour le foyer des plus tendres affections ; mais, à coup sûr, on n'eût jamais lu dans ses regards l'expression de ces vertus guerrières, dont une foule d'exploits, qui tinrent souvent du prodige, l'a rendu le modèle. L'Espagne le vit débuter dans la carrière des armes. Une guerre désastreuse, et qui fournit, plus que tout autre, au courage individuel l'occasion de s'illustrer, plaça le nom de Chambure à côté des noms dont l'armée française s'honore le plus : ce fut là qu'il apprit le métier de partisan, dans lequel il se rendit si redoutable. Emporter des retranche- mens, surprendre des postes, égorger un camp, enlever l'artillerie d'un parc, pénétrer dans une place assiégée, y prendre des ôtages; tels étaient les coups de main auxquels il s'exerçait chaque jour avec un succès qui éton- nait les plus intrépides. Jamais on ne porta l'audace à un si haut degré : nos troupes avaient l'ordre d'attaquer une redoute ; deux fois elles s'étaient pré- sentées à l'assaut, et deux fois elles avaient été repoussées; de Chambure qui s'irrite des obstacles, mais qui ne s'en effraie jamais, arrive au moment où les assaillans battent en retraite : « Eh quoi! leur dit-il, vous avez peur! » ne craignez-vous pas que les Espa- » gnols vous brûlent la moustache? je » vais vous faire voir qu'ils ne sont pas

» si terribles que vous le pensez. » Aussitôt il commande en avant à la baïonnette, et s'avance suivi de ses cinquante soldats. A vingt pas de la redoute ils essuient une première décharge, et s'arrêtent tout-à-coup : « En avant » donc ! » leur crie de nouveau Chambure, mais ils restent immobiles : « N'êtes-vous pas honteux de votre hé- » sitation ? que faut-il pour vous déci- » der ? de l'or ?.... voilà ma bourse et » ma montre, elles sont la récompense » des deux premiers qui sauteront dans » les retranchemens ; qui veut les avoir » aille les chercher !... » En même temps il les lance de toute la vigueur de son bras, au centre de la redoute : « Cama- » rades, vous balancez encore ? Eh bien, » une fois, deux fois et trois fois, ad- » jugé, la montre et la bourse sont en- » core à moi. » En disant ces mots, il prend son élan, franchit le fossé.... saute par-dessus les palissades, pénètre

dans la redoute, tue plusieurs canonniers sur leurs pièces, ramasse sa
bourse et sa montre, court à l'officier
qui commande le poste, lui passe son
épée au travers du corps, et s'est déjà
rendu maître des retranchemens, lorsqu'entraînés par son exemple, ses soldats le rejoignent à temps pour emme-
ner les prisonniers.

En 1812, de Chambure quitta l'Espagne pour venir combattre dans les
rangs de la grande armée.

Il faisait partie de la valeureuse garnison de Dantzick; le conseil de défense de cette place imagina de choisir
parmi les troupes cent hommes des
plus renommés par leur courage, leur
constance et leur sang-froid. Ces braves des braves formèrent une compagnie qu'on appela la *Compagnie-
Franche*, et se dévouèrent aux actions
les plus périlleuses et les plus témé-
raires. De Chambure, qui était alors

capitaine - adjoint à l'état - major de la 3o^e division, fut revêtu, par le général Rapp, du commandement de cette élite.

Le début de la compagnie franche fut digne de son institution. A minuit, de Chambure et ses compagnons d'armes descendent au village de Bonsac, occupé par trois mille ennemis, égorgent les sentinelles, font un horrible carnage de tout ce qu'ils rencontrent; détruisent, par les flammes, quinze mille fusées incendiaires et un magasin de vivres; enclouent quinze pièces d'artilleries, font sauter les caissons, brûlent une partie des chevaux, et retournent vers le rivage, après avoir tué ou blessé plus de cinq cents hommes.

Pendant l'incendie de Dantzick, les assiégeans s'étaient emparés de l'avancée des retranchemens de Frioul, où ils appuyaient leur troisième parallèle, de Chambure demande à aller attaquer cette redoute ; pour lui, l'attaquer, c'était la reprendre. A la tête de ses cent braves, il se glisse au pied de la position, gravit les hauteurs, et se précipite dans les palissades ; se montre tout-à-coup à l'ennemi ; cent cinquante Russes sont passés au fil de l'épée, le reste est fait prisonnier.

L'ennemi bombardait la caserne de la compagnie franche, une bombe éclate dans la chambre où dormait le capitaine, et le réveille brusquement, comme on peut croire. Il se lève, et écrit en ces termes au prince de Wurtemberg, commandant l'armée de siége : « Des bombes ont troublé mon sommeil ; j'ai résolu de faire une sortie avec mes braves pour enclouer les mortiers qui les ont lancés, l'expérience vous prouvera, prince, qu'il ne faut pas réveiller le lion qui dort. »

Sa lettre écrite, il rassemble sa compagnie, en donne lecture, déclare qu'il est résolu d'aller déposer lui-même sa missive dans un des mortiers d'où est partie la bombe qui l'a éveillé. « Promettez-moi de me suivre , je vous réponds du succès. » Tous les soldats applaudissent à cette audacieuse résolution. Munis d'échelles pour l'escalade, ils se font ouvrir les portes de la place, et se dirigent en silence vers la batterie. L'ennemi surpris, veut en vain leur résister, quatre-vingts hommes sont tués sur la place, les bouches à feu sont enclouées , et de Chambure place lui-même au fond d'un mortier le billet qui avait été le prétexte de l'expédition, et qui fut le lendemain renvoyé par le prince de Wurtemberg au général Rapp (*).

(*) Le pinceau spirituel et patriotique d'Horace Vernet a fixé sur la toile cette scène vraiment romanesque, et qui a besoin d'être vraie pour paraître vraisemblable.

Après la capitulation de Dantzick, Chambure, indigné de ce que les Russes ne respectaient pas une convention qui devait être sacrée, alla trouver le gouverneur : « Général, lui dit-il, nous avons affaire à des brigands ; puisque les assiégeans ne savent pas garder la foi des traités, sortons de la place, et tombons sur l'ennemi comme la foudre ; faisons-nous jour jusqu'au Rhin, en écrasant tout ce qui se trouvera sur notre passage. Arrivés là, nous n'aurons plus qu'un pas à faire pour être en France. Si ma proposition ne vous convient pas, il est un moyen de tout arranger ; laissons entrer l'ennemi dans ces murs, et ensevelissons-nous avec lui sous des ruines qui serviront un jour de leçon aux souverains qui ne veulent pas tenir leurs engagemens. »

« —Que peut-on espérer d'une garnison, lui répondit Rapp, lorsqu'elle est physiquement épuisée? Les assiégeans triomphent... s'ils triomphent sans loyauté, tant mieux, notre gloire n'en sera que plus pure, car nous serons les seuls sans reproches. »

« — S'ils triomphent sans loyauté, ils triompheront sans moi, » répondit Chambure.

En même temps il quitta le général, sortit de la place, traversa le camp ennemi, et arriva en France, après avoir échappé à mille dangers par des miracles d'une bravoure inouie ; il consacra de nouveau son bras à la défense de son pays. Après les événemens de 1815, Pelletier de Chambure est resté long-temps en exil sous le poids d'une sentence de mort.

COUZINIÉ,

Capitaine.

Pendant le premier blocus de Mantoué, Couzinié, à peine âgé de douze ans, et étant alors tambour de la compagnie de grenadiers du 3e bataillon de la 4e demi-brigade d'infanterie de ligne, grimpe sous le feu de l'ennemi au haut d'une tour, en ouvre la porte (la porte Chérisa), et introduit trois bataillons de sa demi-brigade, qui forcent les Autrichiens à rentrer dans le corps de la place.

RANCOREL,

Chef d'escadron dans le 1er corps franc de la Seine.

Le général Kléber passait en revue une partie de la cavalerie française en Egypte, lorsqu'un chef de mamelouks eut l'audace de venir à quelques pas en avant du front de bataille, faire caracoler son cheval, et présenter une sorte de défi aux hussards français :

sabres se lèvent à la fois sur lui, il va périr..... son régiment l'aperçoit, les Anglais sont renversés; mais écharpé en trois endroits, le bras droit du colonel Sourd est emputé sur le champ de bataille : les lanciers s'en saisissent religieusement, tous le suivent pour la dernière fois, l'escortent dans un morne silence, et vont le porter au tombeau qu'ils ont creusé; la douleur et le respect l'y placent, et recouvrent de larmes et de terre, rougie de sang anglais, ce bras, l'un des plus terribles de l'armée.

JOUBERT,

Général en chef de l'armée d'Italie.

Joubert (Barthélemy - Catherine) naquit à Pont-de-Vaux, département de l'Ain. Il entra de bonne heure dans la carrière des armes, et chacun de ses

JOUBERT. Général en chef de l'armée d'Italie.

pas furent marqués par des actions d'é-
clat ; il était déjà parvenu au grade de
lieutenant, lorsqu'il se distingua au
combat de Raouss. Joubert avait avec
lui trente grenadiers pour défendre une
redoute attaquée par cinq cents Aus-
tro-Sardes ; ayant épuisé toutes ses
cartouches, il persista à se défendre à
la baïonnette, mais les retranchemens
ayant été pulvérisés par le canon, sa
petite troupe se trouvait à découvert.
Il fut lui-même grièvement blessé et
obligé de se rendre ; on le conduisit à
la cour de Sardaigne : républicain ri-
gide, il ne craignit pas de paraître devant un monarque absolu, et par la
fierté de ses réponses, confondit souvent l'orgueil des courtisans.

« On le conduisit à Turin, dit M. Garat (*), comme pour faire voir à un

(*) *Eloge du général Joubert*, discours où l'on
remarque une foule de belles pensées dignes de
l'orateur et du héros qu'il célèbre.

roi, un de ces hommes singuliers qui ne respiraient que pour la liberté. Sans affecter aucune hauteur républicaine, il imprima le respect à une puissance qui n'en connut jamais que pour la force. On le redouta dans les fers comme si sa présence devait ébranler un trône; et le cabinet de Turin regarda comme un acte d'une politique habile, le soin qu'il prit lui-même de hâter l'échange d'un tel prisonnier. »

En 1795, Joubert, qui avait été élevé au grade d'adjudant-général, reçut l'ordre d'attaquer, avec deux mille hommes, six mille Hongrois campés à *Mélagno*; il perdit la moitié de son monde: exposé lui-même à dix pas de la mitraille, il ne cessa de combattre qu'après avoir reçu l'ordre de se retirer; la nuit suivante sa valeur et son sang-froid ayant décidé la victoire de *Loano*, il reçut sur le champ de bataille le grade de général de brigade.

A la bataille de *Montenotte*, Joubert enveloppa le général Provera qui marchait à la tête de quinze cents grenadiers. Il le força de se réfugier sur le sommet de la montagne de Cassaria, dans un vieux château dont les ruines lui servirent de retranchemens qu'il pouvait croire inexpugnables. Suivi de sept hommes seulement, Joubert sauta le premier dans ces retranchemens; il fut frappé à la tête et renversé, sa colonne qui le crut mort, rallentit un instant sa marche, mais apprenant que leur chef n'était que blessé, les soldats reprennent la confiance qu'ils avaient perdue, montent à l'assaut et emportent la position.

Au camp retranché devant Ceva, il s'empara de plusieurs redoutes défendues par huit mille Piémontais qu'il défit complétement. L'ennemi s'était retranché entre la tête du lac de Garda et l'Adige; il l'entoure, l'attaque par la *Bochetta di Campion*, s'empare des positions, lui fait douze cents prisonniers, jette et noie quatre cents Autrichiens sur l'Adige.

En 1797, à la tête des carabiniers, il reprend une redoute au milieu des feux qu'elle vomit.

A la bataille de Rivoli où, suivant l'expression de Bonaparte, *il se montra grenadier par son courage, et grand général par ses connaissances militaires,* Joubert décida le succès de la journée, en s'emparant du plateau de Rivoli, seul point où l'ennemi pût faire déboucher sa cavalerie et manœuvrer son artillerie, entre l'Adige et le lac de Garda. Les Autrichiens, pour se refugier dans Mantoue, conçoivent l'espoir de forcer la ligne commandée par Joubert; ils font des efforts inouis; forcé de descendre de son cheval blessé, ce général donne l'exemple aux grenadiers, et ralliant sa troupe ébranlée, il s'élance au milieu des rangs ennemis un fusil à la main , attaque de nouveau le plateau avec fureur , le reprend ; s'empare d'une partie de l'artillerie , et culbute les Autrichiens jusque dans l'Adige. Cette victoire lui valut le grade de général de division.

Pendant que Bonaparte poursuit ses succès en Italie , Joubert , à la tête d'une division de l'armée, pénètre dans le Tyrol. « Dans ces régions peu connues en Europe, dit M. Garat, il n'avait pas seulement à combattre des ennemis, mais des nations. La nature qui ne présente aux Tyroliens que des objets terribles , les a aguerris elle-même , dans les combats perpétuels qu'elle les force de livrer à tous les élémens. La religion qui leur donne les seules espérances qu'ils aient dans la vie, les enivre d'un fanatisme toujours prêt à dévorer ceux qui ne le partagent pas. Entretenus dans l'ignorance de

tout ce qui n'est pas eux-mêmes , par
les rochers qui les séparent du reste
du monde, un langage , un usage, un
vêtement étranger , sont pour eux un
objet d'aversion et un signal de combat. »

Joubert traverse les monts arides,
les défilés dangereux, atteint les Autrichiens à *Roveredo*, les culbute, et
brise les barrières qui ferment aux
Français les avenues de *Trente*; il livre
plusieurs combats glorieux pour nos
armes , se fait ouvrir les portes de
Brixen et de Botzen , s'empare d'un
nombre immense de prisonniers ; et
une multitude de canons et de drapeaux pris à l'ennemi dans les gor-
ges d'Inspruck, deviennent les témoi-
gnages éclatans de sa valeur et de ses
talens. Les Tyroliens se lèvent en masse
pour s'opposer au passage des Français. Joubert, autant par la terreur
qu'il sut imprimer à ces peuples sau-

vages, que par la confiance qu'inspirait sa probité et la simplicité de ses mœurs, sait écarter une partie des périls qui le menaçaient. Pendant le cours de cette expédition difficile, il employa au besoin des troupes la somme destinée à son traitement et à ses dépenses personnelles. Ce trait, que la modestie de Joubert a toujours laissé ignorer, suffit seul pour peindre l'âme de ce guerrier.

L'armée inquiète, croyait avoir à déplorer la perte du général Joubert et de sa division, lorsqu'il se fit jour à travers l'ennemi. Il arrive à la tente de Bonaparte; la sentinelle avait la consigne de ne laisser entrer personne; Joubert insiste, il force le passage. Aux cris de la sentinelle, Bonaparte sort de son cabinet, reconnaît Joubert, le serre dans ses bras, et dit au soldat étonné : « Va, républicain, le brave Joubert, »qui a forcé le Tyrol, a bien pu forcer »ta consigne. »

Dans l'espace de trois mois, Joubert fit la conquête du Piémont, força le roi de Sardaigne à abdiquer sa couronne, s'empara d'un des plus beaux arsenaux de l'Europe; dix-huit cents pièces de canon, cent mille fusils, des munitions, des approvisionnemens immenses furent les moindres résultats de cette campagne, dans laquelle il ne se tira pas un coup de fusil. Qui n'admirerait l'instabilité des grandeurs humaines, en voyant un roi au pouvoir d'un jeune général, que ce même roi, six années auparavant, avait fait enfermer dans un caveau de sa forteresse! Cette révolution s'effectua sans trouble et sans opposition. Joubert se conduisit avec tant de sagesse et de loyauté, qu'Emmanuel, touché des procédés généreux de son vainqueur, put se convaincre qu'il n'était rien de si élevé que l'âme de ce héros. Un jour, ce roi lui offrit des tableaux précieux :

« Nous serions tous les deux coupables,
» lui répondit-il, vous en me les offrant,
» moi en les acceptant. »

Désirant réformer les abus qui s'é-
taient introduits dans l'administration
de l'armée, il se fit des ennemis parmi
ceux qui espéraient en profiter, ce qui
lui fit essuyer mille petites persécu-
tions qui l'abreuvèrent de dégoûts;
après avoir assuré les besoins du soldat, il donna sa démission, et remit le
commandement au général Grouchy.

Cependant l'Italie était retombée au
pouvoir de l'ennemi; les Russes, les
Turcs, les Autrichiens saccageaient ce
beau pays. Le Gouvernement le nomma de nouveau général en chef de l'armée d'Italie; Joubert s'arrache des bras
d'une jeune épouse qu'il adorait (Mlle de
Montholon) le jour même de son ma-
riage. Il se met à la tête de nos glorieuses phalanges, franchit les gor-
ges et les sommets des montagnes de

Montferrat, renverse et détruit tous les corps ennemis qui veulent s'oppo- ser à sa marche, et se dirige par la vallée d'Acqui, vers Capriata et Novi. Il ren- contra l'armée russe de Souwarow, et préluda par quelques combats assez vifs. Le 14 août 1799, il vit toutes ses combinaisons trompées par la reddi- tion imprévue de Mantoue, qui aug- mentait de vingt-quatre mille hommes l'armée déjà si puissante du général russe. Il donna l'ordre de la retraite, mais il n'était plus temps. Souwarow l'attaqua au point du jour. Joubert, placé sur une éminence, voit sa gau- che enfoncée et des bataillons en dé- sordre; il y vole avec ses aides-de-camp pour rallier les troupes; il les ramène à la charge, en criant : « En avant mes » amis ! » Une balle le frappe au flanc droit et pénètre jusqu'au cœur; il fait signe de la main et s'écrie encore : « Marchez toujours ! » Il tomba de che-

val et expira en prononçant ces mots :
«Couvrez-moi, que les Russes croyent
» toujours que je combats parmi vous.»
Furieux de la perte de leur chef, les
soldats se jettent en désespérés dans
les rangs ennemis et les enfoncent à
plusieurs reprises ; mais après douze
heures d'un combat inégal, ils cèdent
enfin accablés par le nombre, et se
voyent forcés de renoncer à une victoire qui coûta cher à l'armée de Souwarow.

La France entière pleura la mort de
ce grand capitaine ; ses restes mortels
ont été déposés, par ordre du premier
Consul, à Toulon, au fort Lamalgue.
qui, depuis cette époque, porte le nom
de *fort Joubert.*

Dans l'éloge qu'il fit de Joubert, le
représentant Riboud, après avoir com-
paré ce guerrier à Bayard, terminait
ainsi : « Comme lui, ces beaux climats
(l'Italie), qui ne devaient plus être ar-

» rosés du sang français, l'ont vu vivre
» et mourir sans peur et sans repro-
» che. »

LAGRENOIS, BASIN, BERNARD,

Soldats aux lanciers rouges de l'ex-garde.

Le 5 janvier 1814, vingt-cinq de ces lanciers, dont les fanions rouges et blancs ne cessèrent d'être pour l'ennemi des signaux de retraite, chargèrent deux cents cosaques et les défirent complétement; trois d'entre ces braves, Lagrenois, Basin, Bernard, et un quatrième dont le nom ne nous est pas connu, se distinguèrent particulièrement dans cette affaire, qui eut lieu à Hoogstralten, près Anvers; deux furent faits officiers, les deux autres reçurent la décoration de la Légion d'honneur.

RENAUD,

Sergent au 1ᵉʳ régiment d'artillerie à pied, membre
de la Légion d'honneur.

Jean Renaud naquit à Lelongey, département de la Côte-d'Or.

Après avoir passé le Simplon, l'armée française défilait pour se rendre
à Marengo; elle se trouva tout-à-coup
arrêtée par l'artillerie du fort de Barr,
qui foudroyait ses colonnes. Renaud,
dont l'adresse à pointer était connue
de son colonel, fut appelé pour réduire au silence ces batteries impor-
tunes. Arrivé avec quelques pièces de
campagnes, il les disposa aussitôt dans
l'endroit le plus convenable, et les di-
rigea avec tant de justesse, que quelques minutes lui suffirent pour démonter l'artillerie ennemie, et renverser

tous les obstacles qui s'opposaient à la marche de nos troupes. Le premier Consul, présent à cette action, donna des marques particulières de sa satisfaction au brave Renaud, dont il écrivit le nom sur ses tablettes.

Peu de jours après, à la bataille de Marengo, Renaud commandait une pièce placée en avant d'un petit bois, à demi-portée de canon d'un corps considérable d'Autrichiens, qui chargea pour s'en emparer; les canonniers, voyant l'ennemi en force, prennent la fuite et s'enfoncent dans le bois : l'intrépide Renaud est le seul qui ne veuille pas abandonner son canon ; il se couche à terre près de l'affût, laisse approcher les Autrichiens à vingt pas, et lorsqu'ils sont à cette distance, il se lève subitement et met le feu à l'étoupille : le coup part, et la mitraille fait un ravage affreux dans les rangs des assaillans, qui, renonçant dès-lors à

leur entreprise, battent en retraite
avec précipitation. Le premier Consul
ayant aperçu ce mouvement, envoya,
pour en connaître la cause, un de ses
aides-de-camp, qui lui rapporta que
celui qui avait occasionné sur ce point
la déroute de l'ennemi, était le sous-
officier qui, devant le fort de Barr,
avait déjà rendu à l'armée un service
des plus signalés. Le général en chef
fit alors venir Renaud, et lui ordonna
de démonter une batterie autrichienne
dont le feu contrariait les manœuvres
de sa garde ; cet artilleur donna encore
ici une nouvelle preuve de son habileté :
en un instant les canons ennemis furent renversés, et la garde put effec-
tuer son mouvement.

Bonaparte, ravi d'admiration, autant par le courage que par l'adresse
extraordinaire de Renaud, lui décerna
une des premières grenades d'honneur
qui aient été distribuées, et peut-être

la seule dont le brevet, expédié pour ainsi dire sur le champ de bataille, soit entièrement de son écriture.

Devenu légionnaire, Renaud prit part à de nouveaux combats, où il montra toujours le même sang-froid, et se fit encore remarquer par la rectitude de son coup-d'œil.

A New-Off, près d'Elbingen, il fut consumé par les flammes d'un incendie, où il se précipita pour en arracher un de ses amis qui était sur le point de périr. Il fut généralement regretté de ses camarades et de ses chefs, qui estimaient en lui les vertus privées, jointes aux plus brillantes qualités militaires.

~~~~~~

GAUD,

Caporal à la 63ᵉ demi-brigade d'infanterie de ligne.

Le 26 mars 1799, le caporal Gaud
~~~~~~

apercevant dans la mêlée trois de ses camarades que les Autrichiens emmenaient prisonniers, forme le hardi projet de les délivrer ; aussitôt il se précipite dans les rangs ennemis, attaque les plus audacieux à la baïonnette, en tue plusieurs, disperse les autres, et dégage de leurs mains les trois Français. Dans ce moment, plusieurs cavaliers fondent sur lui ; l'un d'eux lui tire un coup de pistolet à bout touchant ; l'intrépide Gaud chancelle, tombe, se relève, et la rage dans le cœur il court sur celui qui l'a blessé, perce son cheval d'un coup de baïonnette, saisit le cavalier par le pied, le renverse, et lui fait éprouver le dernier sort des combats. Sans s'arrêter, il fonce sur un autre de ses adversaires ; mais tandis qu'il est aux prises avec celui-ci, les Autrichiens accourent en foule. Enveloppé de toutes parts, il veut encore résister, mais son heure est sonnée ;

affaibli par la perte de son sang, son bras ne seconde plus son courage : Gaud peut se rendre, mais la devise des soldats de la république, n'est-elle pas de vivre libre ou mourir? Cette idée semble quelque temps suppléer à ses forces ; elle l'anime, elle le soutient, et lui rend assez de vigueur pour qu'il tente encore un effort, ce fut le dernier; accablé par le nombre, et percé de dix-sept coups de sabre, ce brave tombe, il n'est plus ; et l'air retentit autour de lui de ce cri immortel des hommes et des peuples : « Vive la liberté ! » c'était l'âme du défenseur de la patrie qui venait de s'exhaler dans ces mots.

BARREAU (Alexandrine),

Grenadier.

L'histoire qui nous a transmis les

noms de Jeanne Hachette et de Jeanne d'Arc, ne sera pas moins juste envers Alexandrine Barreau, née à Castres, département du Tarn : cette femme dont le courage, exalté par le plus ardent amour de la patrie, fit l'admiration de nos guerriers républicains, sera long-temps citée comme un modèle de bravoure et d'intrépidité. Alexandrine, voulant partager la gloire et les dangers de son mari Leyrac et de son frère, tous deux grenadiers dans le second bataillon du Tarn, échange, contre l'uniforme militaire, les vêtemens de son sexe, et se rend à l'armée des Pyrénées-orientales, où elle se signala bientôt par des prodiges de la plus grande audace. Le 13 août 1793, le second bataillon du Tarn reçoit l'ordre d'attaquer la redoute d'Allogin, défendue par une nombreuse artillerie et des retranchemens formidables. L'ennemi oppose une vigoureuse résistance ; Alexandrine combattait auprès de son mari et de son frère : ce dernier est blessé mortellement, et Leyrac est atteint d'une balle. Ce double malheur enflamme doublement le courage de l'héroïne : « Avant de vous secourir il » faut que je vous venge, s'écrie-t-elle » alors. » Au même instant, elle se precipite hors des rangs et s'élance la troisième dans les retranchemens ; la redoute est emportée : Alexandrine n'en continue pas moins à poursuivre l'ennemi ; dix-neuf cartouches qui lui ont été remises avant l'action sont déjà épuisées, et elle a lâché son dernier coup de fusil, lorsqu'un Espagnol s'avançant contre elle avec fureur, veut la saisir corps à corps ; mais elle l'évite adroitement, lui fend la tête d'un coup de sabre, s'empare de sa giberne, vole à de nouveaux exploits, et ne quitte le champ de bataille que lorsqu'il a retenti des cris de la victoire. Entourée

JAQUEMET, Colonel titulaire du 1er Régt d'Infie de Ligne.

d'ennemis morts ou blessés, Alexandrine peut se dire avec orgueil : j'ai vengé mon mari et mon frère. De retour dans les retranchemens, elle accourt auprès de Leyrac, panse ses blessures, le presse sur son sein, le porte avec ses braves frères d'armes à l'hospice militaire, lui prodigue tous les soins de la tendresse conjugale, et attend qu'il soit guéri pour rejoindre avec lui son bataillon.

JAQUEMET,

Colonel titulaire du 1er régiment d'infanterie de ligne.

L'amour de la liberté enflammait le cœur du jeune Jaquemet; il vint, en 1792, se ranger sous les drapeaux; il fit, avec distinction, les campagnes de la Belgique, servit successivement sous les ordres des généraux Dumouriez, Custine, Rouchard et Pichegru ; prit part à toutes les affaires de cette époque, et ne cessa de donner des marques du plus grand courage.

En 1805, Jaquemet se trouvait au combat naval de Trafalgar, sur le vaisseau l'*Aigle*, qui fut forcé d'amener son pavillon, mais cet intrépide officier eut la consolation dans cette extrémité de sauver le drapeau de son régiment, qu'il rapporta un mois après à la 67me demi-brigade, dans laquelle il était alors chef de bataillon.

A Esling, à Wagram, dans l'Espagne entière, il fit admirer sa valeur.

Le 13 mai 1813, la division Abbé étant à la recherche de l'ennemi dans les hautes montagnes du Roncal, le rencontra sur un plateau où il occupait une position de l'accès le plus difficile. Le général Abbé parvenu, en repoussant les tirailleurs espagnols, à deux

portées de fusil de la position, hésitait
à l'attaquer, lorsque Jaquemet arriva
avec environ mille hommes du 52ᵉ et
du 105ᵉ régiment de ligne : « Je vous
» attendais, lui dit le général en l'aper-
» cevant; je compte sur vous pour dé-
» busquer l'ennemi. » Mina avait avec
lui trois mille hommes, dont une partie formée en colonne; le reste était
repliée et offrait l'aspect d'un crois-
sant ouvert. Jaquemet détacha deux
compagnies de voltigeurs, avec ordre
de se glisser, en escaladant les rochers,
sur les flancs de l'ennemi, afin d'opérer une diversion. Au même instant il
fit battre la charge, et marcha sur le
centre de la ligne de Mina. Le terrain
était difficile, les Espagnols opposaient
la plus vigoureuse résistance et faisaient
un feu des plus meurtriers. Jaquemet
eut son cheval tué sous lui en gravis-
sant la montagne; cependant, après
des efforts incroyables, il parvint sur

le plateau à la tête du premier peloton
de grenadiers. Elevant alors son scha-
kos sur la pointe de son épée, il fit en-
tendre le cri de victoire : « *Mes amis*,
»ajouta-t-il, *la position est à nous ;* »
en même temps il remonta à cheval,
l'ennemi ébranlé de toutes parts fuit
dans toutes les directions, il poursuit
les fuyards. Il était déjà à plus de deux
cents pas en avant de sa troupe, et il
allait atteindre un groupe d'une soixan-
taine d'Espagnols, contre lesquels il
s'avançait en sabrant tout ce qui lui
opposait de la résistance, lorsqu'une
balle vint le frapper à la jambe gauche
et le mit hors de combat ; mais l'impulsion était donnée, le plus grand
succès couronna cette audacieuse entreprise.

Avant de quitter le régiment, à la
tête duquel il s'était couvert de gloire,
le corps d'officiers lui offrit une su-
perbe épée, sur laquelle ces mots

étaient gravés : « Les officiers du 67ᵉ ré-
»giment, à M. Jaquemet, major au
»52ᵉ. »

Nommé, en 1813, colonel titulaire
du 1ᵉʳ régiment de ligne, cet officier
donna de nouvelles marques de sa valeur et de son patriotisme dans la campagne de France et dans celle de 1815.

HAYAUX,

Caporal.

A la bataille de Friedland, le caporal Hayau, né à Vauvillers, département de la Haute-Saône, se trouvant
en tirailleur, fut enveloppé tout-à-
coup par une vingtaine de cosaques :
préférant une mort presque certaine
à la honte de se rendre, il se défendit
long-temps avec avantage ; plusieurs
d'entre eux avaient déjà succombé

sous l'effort de son bras, lorsque accablé par le nombre, il fut frappé de sept coups de lance, renversé, et laissé pour mort sur la place. Mais à peine les cosaques se sont-ils éloignés, que méconnaissant ses blessures et la douleur qu'elles lui causent, il se relève, charge son fusil, marche sur les pas des cosaques, tue le premier qu'il rencontre, en met deux hors de combat, et rentre à son régiment avec trois prisonniers.

Cet intrépide soldat fit ensuite, avec distinction, la guerre d'Espagne ; après avoir fait des prodiges de valeur au siége de Pampelune, il fut tué sur les ramparts de cette ville.

BRO,

Colonel au 4me régiment de lanciers.

A la bataille de Mont-Saint-Jean, les lanciers se couvrirent de gloire : le colonel Bro, qui, dans plusieurs combats s'était fait la réputation d'un des plus intrépides officiers de l'armée, fit dans cette journée des prodiges de valeur. La brigade des gardes anglaises à cheval venait de traverser un régiment d'infanterie et de lui enlever son aigle; Bro, à la tête de ses trois escadrons, tue le général Posomby, écrase la brigade, l'aigle est reprise et cinquante Anglais qui s'échappent, vont apprendre à leur armée qu'une poignée de braves se reforme tranquillement sur trois cents cadavres.

BAILLY,

Sergent-major au 55ᵉ régiment d'infanterie de
ligne.

A Austerlitz, le sergent-major Bailly
voit une file de son peloton enlevée par
un boulet, il la fait remplacer ; celle-ci
subit le même sort, et il s'occupe de
la reformer, lorsqu'un troisième boulet tue deux hommes déjà placés et lui
emporte la jambe. On veut lui porter
des secours : « Non, mes amis, dit-il,
» avec fermeté, après le combat il sera
» temps d'y penser, donnez-moi seule-
» ment mon sac de toile. » Il s'enveloppe
lui-même et expire sur le champ de
bataille, en se réjouissant que son dernier regard ait vu la défaite de nos ennemis.

LEHYR,

Commandant en second du vaisseau *le Vengeur*.

Le 1ᵉʳ janvier 1794, une flotte française de vingt-six vaisseaux, aux ordres de l'amiral Villaret-Joyeuse, soutint, contre les Anglais, un combat qui fera long-temps époque dans les annales de notre marine. Jamais nos matelots ne montrèrent autant d'enthousiasme : *La victoire ou la mort*, telle était leur devise, inscrite en lettres d'or sur des pavillons bleus flottans à la cime des mâts. Tous les équipages animés de cette haine implacable, qui, bien plus encore que les flots, mettait une ligne de démarcation entre les deux peuples, combattirent avec une valeur sans exemple. *La Montagne* fit l'admiration des Anglais par l'opi-

niâtreté de sa défense, mais *le Vengeur*
étonna le monde par un héroïsme jusqu'alors inconnu. Ce vaisseau qui, deux
jours auparavant, s'était trop écarté
de la ligne, avait juré de réparer sa
faute. Abordé par trois vaisseaux anglais, il fit des prodiges : son pont était
couvert de mitraille, ses mâts abattus,
ses flancs à jour de toutes parts, et
plus des deux tiers de ses marins avaient
succombé, qu'il disputait encore la
victoire. Ce fut dans ce moment que
l'intrépide Lehyr, second capitaine du
Vengeur, eut la jambe brisée par un
biscaïen. Ses camarades voyant qu'il
perdait beaucoup de sang, le pressaient
de descendre pour se faire panser :
« Non, dit Lehyr, j'ai juré de mourir
» à mon poste, je ne le quitterai pas. »
Un instant après, un boulet ramé lui
coupe les reins ; il expira en s'écriant:
« Courage, mes amis, vengez-nous. »
Ces derniers accens d'un brave en-

flamment tous les cœurs; l'équipage
redoublant son feu, oppose à l'attaque
toujours plus vive des Anglais, une résistance toujours plus invincible. *Le
Brunswick*, qui avait abordé le premier, est foudroyé; il s'éloigne, mais
les deux autres vaisseaux lancent, à
bout portant, un déluge de projectiles :
le Vengeur est criblé par les boulets;
de tous côtés l'eau se précipite dans la
cale par d'immenses ouvertures; le
péril est à son comble : « Sauvez-vous,
» braves marins ! » Mais par un dévouement digne des plus beaux temps de
l'antique liberté, tous prennent la sublime résolution de rejeter des secours
qui ne pourraient venir que d'un ennemi vainqueur; tous préfèrent la mort
à la captivité. La mer envahit le vaisseau, il va s'engloutir; déjà les derniers canons sont à fleur d'eau; les
Français déchargent leur bordée, at-
tachent le pavillon tricolore afin qu'il

ne puisse pas surnager, et les bras élevés vers le ciel, agitant en l'air leurs
chapeaux comme dans un jour de
triomphe, c'est aux cris mille fois ré-
pétés de vive la république! vive la
liberté! vive la France! qu'ils dispa-
raissent dans l'abîme.

Dans toute l'Europe, et principale-
ment en Angleterre, on ne parla que
de cet événement. La convention nationale décréta qu'un modèle du vaisseau *le Vengeur* serait suspendu aux
voûtes du Panthéon, et que, pour
immortaliser le dévouement des troupes de son équipage, leur mort glorieuse serait proposée pour sujet aux
poëtes, aux peintres et aux scuplteurs.
Chenier, le poëte national, et Lebrun,
le Pindare de nos jours d'enthousiasme, furent le plus heureusement
inspirés. Nous ne citerons qu'une stro-
phe de chacun de ces deux poëtes :

Lève-toi, sors des mers profondes,
Cadavre fumant du *Vengeur !*
Toi qui vis le Français vainqueur
Des Anglais, des feux et des ondes !.....
D'où partent ces cris déchirans ?
Quelles sont ces voix magnanimes ?
Ce sont les braves expirans
Qui chantent du fond des abîmes :
Gloire au peuple français !.......
. . . .

CHÉNIER.

Et vous, héros de Salamine,
Dont Thétis vante encor le trépas glorieux,
Non, vous n'égalez pas cette auguste ruine,
Ce naufrage victorieux.

LEBRUN.

FIN.

FIN DE LA TABLE.